성구聖句와 사자성어四字成語

성구와 사자성어

초판 1쇄 인쇄 2015년 6월 25일
초판 1쇄 발행 2015년 6월 30일

편저자 | 박선호
펴낸이 | 金泰奉
펴낸곳 | 한솜미디어
등 록 | 제5-213호

편 집 | 박창서, 주승연
마케팅 | 김명준
홍 보 | 김태일

주 소 | (우143-200) 서울시 광진구 구의동 243-22
전 화 | (02)454-0492(代)
팩 스 | (02)454-0493
이메일 hansom@hansom.co.kr
홈페이지 www.hansom.co.kr

값 15,000원
ISBN 978-89-5959-423-8 (03230)

성구와 사자성어

聖句 四字成語

박선호 편저

한솜미디어

아침에 눈을 뜨면 무엇부터 할까? 化粧室 가고, 洗手하고, 커피 마시고…. 奔走하게 하루를 시작하게 될 것이다. 나는 세수하고 조용히 앉아 黙想하며 다음의 글을 읽음으로써 하루를 시작한다.

青雲之志 (푸를 **청** 구름 **운** 갈 **지** 뜻 **지**)

푸른 구름의 뜻을 품는다. 큰 뜻을 품다.
Blue clouds will be. Ambition to take.

출 9:16 내가 너를 세웠음은 나의 能力을 네게 보이고 내 이름이 온 天下에 傳播되게 하려 하였음이니라
But I have raised you up for this very purpose, that I might show you my power and that my name might be proclaimed in all the earth.

나의 使命 大義名分은 神人合一 滿天下 創造主 宣布이다.
이 青雲之志의 뜻을 天下萬民에게 펼친다.
God and one person has been my mission and the cause is to inform the world of the Creator God. Expand a big meaning to the peoples of the whole world.

泰山北斗 (클 **태** 메 **산** 북녘 **북** 별자리 **두**)

(태산과 북두칠성을 가리키는 말, 남에게 尊敬받는 뛰어난 人物)
Superior to others respected figures.

사 32:8 尊貴한 者는 尊貴한 일을 計劃하나니 그는 恒常 尊貴한 일에 서리라
But the noble man makes noble plans, and by noble deeds he stands.

하나님이 세우신 사람은 그 생각에서부터 尊貴한 사람이다.
Is instituted by God, the thinking from honor.

萬古常靑 (오랜 歲月 동안 恒常 푸르름, For a long time, always green.)
내가 가장 좋아하는 말이다. 그것이 어떻게 可能할까?
하나님을 사랑하고 말씀 안에서 사는 것이다.

신 29:9 그런즉 너희는 이 言約의 말씀을 지켜 行하라 그리하면 너희의 하는 모든 일이 亨通하리라
Carefully follow the terms of this covenant, so that you may prosper in everything you do.

나는 牧師가 되기 위해 初等學校・中學校・高等學校・大學校・大學院을 卒業하고 牧師가 된 後에도 碩士 課程・博士 課程・指導者 課程을 繼續 工夫했다. 工夫가 즐거운 것은 아니었지만 싫은 적도 없었다. 마땅히 가르치는 位置에 있었기 때문에 해야 하는 것으로 받아들이고 必要에 따라 熱心히 했다 해야 할 것이다. 30年 以上을 說敎를 하고 敎育을 하면서 늘 아쉬운 것이 知識과 情報에 대한 渴望이었다.
特히 英語와 漢字에 對한 工夫는 늘 아쉬움 속에 繼續되었다.
이 冊이 그러한 空虛를 共感하는 분들에게 冷水 한 盞이라도 되었으면 한다.
"工夫하기 싫은 者는 가르치기를 中斷하라"는 말이 있다. 說敎者(牧師・傳道師・敎會 敎育者 등)는 가르치는 者이기도 하다.

가르치는 者가 工夫하기를 싫어하면 그 자리에 설 수가 없다.

잠 10:21 義人의 입술은 여러 사람을 教育하나 미련한 者는 知識이 없으므로 죽느니라
The lips of the righteous nourish many, but fools die for lack of judgment.

世上에서 가장 高尙한 知識은 하나님을 아는 것이다. 眞理를 알고 믿는 것이다. 眞正한 自由는 하나님 안에, 그리고 眞理 안에 있기 때문이다.
知識이 있어야 꿈을 이룰 수 있다.

잠 19:2 知識 없는 所願은 善치 못하고 발이 急한 사람은 그릇하느니라
It is not good to have zeal without knowledge, nor to be hasty and miss the way.

잠 1:7 여호와를 敬畏하는 것이 知識의 根本이어늘 미련한 者는 智慧와 訓戒를 蔑視하느니라
The fear of the LORD is the beginning of knowledge; fools despise wisdom and instruction.

只今은 마지막 時代이다. 마지막 時代는 知識과 스피드(speed)의 時代라 할 것이다.

단 12:4 다니엘아 마지막 때까지 이 말을 看守하고 이 글을 封緘하라 많은 사람이 빨리 往來하며 知識이 더하리라
But you, Daniel, close up and seal the words of the scroll until the

time of the end. Many will go here and there to increase knowledge.

知識이 없으면 未來가 없다. 知識이 없으면 亡한다.

호 4:6 내 百姓이 知識이 없으므로 亡하는도다 네가 知識을 버렸으니 나도 너를 버려 내 祭司長이 되지 못하게 할 것이요 네가 네 하나님의 律法을 잊었으니 나도 네 子女들을 잊어버리리라
my people are destroyed from lack of knowledge. "Because you have rejected knowledge, I also reject you as my priests; because you have ignored the law of your God, I also will ignore your children.

寤寐不忘 나의 하나님, 나의 아버지!

이 종이 恒常 右往左往 優柔不斷하지 않고, 外柔內剛을 이루어 搖之不動 아버지를 向한 사랑으로 乘風波浪 勇猛精進하여 하나님의 役事 아버지의 뜻(God's Will 大義)이 天地 同時 이루는 데 一翼하게 하소서(四字成語 祈禱 中)

"아버지" 생각만 해도 가슴이 벅차오르며 눈시울이 뜨거워집니다.

스무 살도 되기 전에 아버지를 여의고 깊은 산 속에서 안페히통[靈的 苦惱]에 빠져 기도할 때 급하고 강한 바람과 彗星 같은 불기둥으로 달려오신 하나님을 만났고 하나님은 나의 친아버지 같은 분이었습니다.

언제나 그리운 나의 아버지 하나님!

아버지를 생각하면 소홀히 말씀을 전할 수 없어 밤잠을 못 이루고 말씀과 씨름하고 공부에 매달리기도 했습니다. 그러나 혼자 하는 공부는 限界가 있었습니다. 洪水처럼 쏟아지는 冊들은 많았으나 내가 공부하고 싶은 分野의 책은 많지 않았기 때문입니다. 많은 책들을 所

藏하고 복음을 더 잘 전달하고 싶어 발버둥치던 중에 어느 날 수천 권의 책과 함께 목회 현장(교회 · 무료 급식소 · 집)은 화마로 잿더미가 되어 버렸습니다.

50년 인생과 30여 년의 목회 痕迹과 함께 모든 책들이 불타 버렸습니다. 더 이상 손때 묻은 책들을 볼 수 없게 된 것이 가슴을 시리게 했습니다. 한순간에 교회도 · 성도도 · 가정도 · 이웃도 · 친구도 다 잃어버리고 산기슭을 헤매며 집도, 길도 잃어버린 늑대처럼 울부짖고, 눈물 흘릴 때 아버지를 더 깊이 만났고, 그분의 사랑을 더 깊이 알았으며, 이제 모든 것에서 자유한 몸으로(고후 3:17) 복음을 접하기 힘든 산 중의 스님들 · 무속인들 · 교회에서 실망하고 彷徨하는 靈魂들에게 진정한 복음을 전할 수 있게 되었습니다.

감사하고 또 고마운 것은 하늘 아래 이 몸 하나 남았는데 수천 개의 십자가를 만들고 展示會를 열게 하시고, 大韓民國 最高의 스승님(白峰 이두식)께 서예를 공부를 하게 하시고. 다시 책을 잡고 공부할 수 있게 하신 나의 아버지, 나의 하나님입니다.

서예를 배우면서 漢字와 사자성어를 공부했고 그것을 聖句에 椄木시켜 英語로 表現해 보았습니다. 보신 분들이 모두 좋다고 책으로 만들어 보라고 勸勉하여 이 책을 출간하게 되었습니다. 나의 知識의 限界를 홍익대학교 이민로 교수님을 비롯하여 김태홍님 가정(Talking Master, SteppingStone 영어학원) · 유종무님(한솜미디어 주간) · 김동기 목사님 등 여러분들이 도와주셨습니다.

平生 눈물과 무릎의 祈禱로 나를 세워 주신 사랑하는 어머니 · 병환 중이신 큰형 박춘오님을 비롯한 8남매와 사랑하는 아들 진감, 사

랑하는 딸 진영 · 인영, 혜석 先生 · 강석찬 兄弟(前, 현철 스님) · 이재성 형제 등 소풍의 기도하는 사람들에게 이 册을 바칩니다.

나를 알고 진정한 그리스도인이 되신 書藝家 백봉 이두식 선생 · 안재현 대표(주, 청우) · 이중일 대표(건설업), 박영서 · 권태우 대표(GB화장품) · 안철현 변호사 · 김민재 · 채원(왕갈비 식당 대표) · 조병하 회계사 등 여러분께 진심으로 感謝드리며 特別히 物心兩面으로 後援해 주신 김흥열 대표님께 더더욱 감사드립니다.

이 책은 著書라기보다 編著에 가까운 參考 書籍입니다.

목회자 · 기독교 교육자 · 교회 교사 · 구역 강사 · 교회 지도자 등 가르치며 공부하는 그리스도인들에게 나의 苦悶을 담은 작은 참고 資料를 提供하고 싶었습니다. 이제는 量的으로 急成長한 한국 교회 성도들이 高尙한 人品을 만들어 가야 할 때입니다. 聖句를 四字成語와 함께 영어로 외울 수 있다면 고상한 그리스도인이 되는 데 도움이 되지 않을까 생각해 봅니다.

이 時代를 사는 그리스도인들이 聖句와 사자성어(四字成語), 그리고 英語를 손에서 놓을 수 있나요? 열심히 祈禱하고 工夫하여 우리들의 知識과 智慧와 아름다운 人品으로 하나님 아버지를 알립시다.

온 世上을 向하여!

부록으로 우리들이 일상 생활에서 자주 사용하는 사자성어를 실었으니 공부하는 데 참고하시기 바랍니다.

편저자

차례

(가)

(나)

(다)

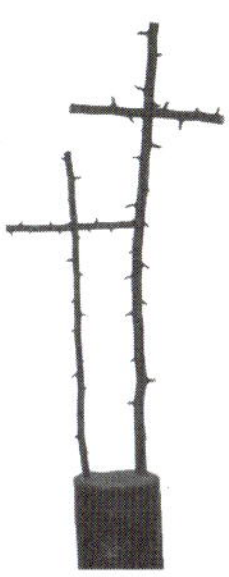

(라)

(마)

(바)

(사)

(아)

(자)

(차)

(카)

(타)

(파)

(하)

부록 / 사자성어四字成語 241

성구聖句와
사자성어四字成語

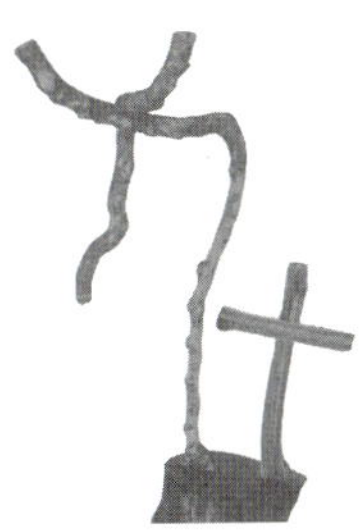

가

街談巷説

거리 **가** 말씀 **담** 거리 **항** 말씀 **설**

길거리나 세상 사람들 사이에 떠도는 이야기. 세상에 떠도는 뜬소문.
Drifting in between the streets and the people of the world story. Rumor drifting world.

성경 말씀

합 3:2 여호와여 내가 主께 대한 所聞을 듣고 놀랐나이다 여호와여 主는 主의 일을 이 數年 內에 復興하게 하옵소서 이 數年 內에 나타내시옵소서 震怒 中에라도 矜恤을 잊지 마옵소서
LORD, I have heard the report about You and I fear O LORD, revive Your work in the midst of the years, In the midst of the years make it known; In wrath remember mercy.

마 24:6 亂離와 亂離 所聞을 듣겠으나 너희는 삼가 두려워 말라 이런 일이 있어야 하되 아직 끝은 아니니라
You will be hearing of wars and rumors of wars. See that you are not frightened, for those things must take place, but that is not yet the end.

좋은 글

남의 말에 갈대처럼 흔들리는 사람을 귀가 얇은 사람이라 한다. 사람들의 소리보다 內面의 소리에 內面의 소리보다 하나님의 音聲에 귀를 기울여야 할 것이다.
Ears, others swaying like a reed in the end people, thin people. Than the inner sound inner sound than the sound of people listen to the voice of God will be taken to.

家貧思良妻

집 **가** 가난할 **빈** 생각 **사** 좋을 **양** 아내 **처**

살림살이가 가난하여지면 어진 아내를 생각한다.
窮한 處地가 되면 眞實한 사람을 알게 된다는 뜻이다.
When the housekeeping was poor wife thinks crafted.
True, the situation is a little tight means that the person is aware.

성경 말씀

잠 14:25 眞實한 證人은 사람의 生命을 救援하여도 거짓말을 뱉는 사람은 속이느니라
A truthful witness saves lives, but one who utters lies is a betrayer.

눅 12:42 主께서 이르시되 智慧 있고 眞實한 廳지기가 되어 主人에게 그 집 종들을 맡아 때를 따라 糧食을 나누어 줄 자가 누구냐
the Lord said, "Who then is the faithful and sensible steward, whom his master will put in charge of his servants, to give them their rations at the proper time?

좋은 글

眞實한 사람은 어려울 때도 빛이 난다.
True when a person is difficult to shine.

架上七言

시렁 **가** 윗 **상** 일곱 **칠** 말씀 **언**

십자가 위에서 하신 예수님의 일곱 가지 말씀.
Seven words of Jesus on the cross.

성경 말씀

① 容恕의 십자가(눅 23:34) "아버지 저희들을 赦하여 주옵소서 자기들이 하는 것을 알지 못함이나이다"
"Father, forgive them; for they do not know what they are doing""

② 所望의 십자가(눅 23:43) "오늘 네가 나와 함께 樂園에 있으리라"
"Today you shall be with Me in Paradise."

③ 孝道의 십자가(요 19:26-27) "여자여 보소서 아들이니이다" 하시고 또 그 弟子에게 이르시되 "보라 네 어머니라" 하신대
"Woman, behold, your son!" And He said to the disciple, "Behold, your mother!"

④ 刑罰의 십자가(마 27:46) "엘리 엘리 라마 사박다니(나의 하나님, 나의 하나님, 어찌하여 나를 버리셨나이까)"
"ELI, ELI, LAMA SABACHTHANI?(MY GOD, MY GOD, WHY HAVE YOU FORSAKEN ME?)"

⑤ 苦難의 십자가(요 19:28) "내가 목마르다"
"I am thirsty."

⑥ 勝利의 십자가(요 19:30) "다 이루었다"

"It is finished!"

⑦ 完成의 십자가(눅 23:46) "아버지여 내 靈魂을 아버지 손에 付託하나이다"

"Father, INTO YOUR HANDS I COMMIT MY SPIRIT."

十字架에 福音의 眞髓가 있다.

十 架와 復活은 基督敎를 떠받치는 두 기둥이다.

To be the essence of the gospel cross.

Hold up the cross and the resurrection of the two pillars of Christianity.

嘉言善行

아름다울 가 말씀 언 할 선 다닐 행

좋은 말과 착한 行實.

Good words and good deeds.

성경 말씀

대상 22:13 네가 萬一 여호와께서 모세를 通하여 이스라엘에게 命令하신 모든 律例와 規例를 삼가 行하면 亨通하리니 强하고 膽大하여 두려워 말고 놀라지 말지어다

Then you will prosper if you are careful to observe the statutes and the ordinances that the LORD commanded Moses for Israel. Be strong and of good courage. Do not be afraid or dismayed.

마 5:16 이같이 너희 빛이 사람 앞에 비취게 하여 저희로 너희 착한 行實을 보고 하늘에 계신 너희 아버지께 榮光을 돌리게 하라

In the same way, let your light shine before men, that they may see your good deeds and praise your Father in heaven.

좋은 글

하나님과 가까운 사람은 그 말과 行實이 아름답다.

His word and actions is a beautiful person who is close to God.

刻骨難忘

새길 각 뼈 골 어려울 난 잊을 망

뼈에 새겨 잊기 어려움을 말한다.
恩惠가 뼈에 새길 만큼 커서 잊혀 지지 않음.
Grace enough to engrave bone cursor is not forgotten.

성경 말씀

신 5:10 나를 사랑하고 내 誡命을 지키는 자에게는 千 代까지 恩惠를 베푸느니라.
And showing mercy unto thousands of them that love me and keep my commandments.

시 116:12 여호와께서 내게 주신 모든 恩惠를 무엇으로 報答할꼬
How can I repay the LORD for all his goodness to me?

좋은 글

恩惠에 報答할 줄 아는 것은 더 큰 恩惠를 받는 길이다.
Know how to repay to grace is a shortcut to a greater grace.

肝膽相照

간 **간**　쓸개 **담**　서로 **상**　비출 **조**

서로 속마음을 터놓고 사귐.

Motives and fellowship with each other openly.

성경 말씀

요 15:14 너희는 내가 命하는 대로 行하면 곧 나의 親舊라

You are my friends if you do what I command you.

잠 27:9 기름과 香이 사람의 마음을 즐겁게 하나니 親舊의 忠誠된 勸告가 이와 같이 아름다우니라

Perfume and incense make the heart glad, but the soul is torn by trouble.

좋은 글

아름다운 사귐은 속마음에서 始作된다.

Fellowship begins in the beautiful motives.

☞ 금란지교(金蘭之交), 지기지우(知己之友), 문경지교(刎頸之交)

渴而穿井

목마를 갈 말이을 이 뚫을 천 우물 정

목이 말라야 우물을 판다.

Throat dry, dig wells.

성경 말씀

암 8:11 主 여호와께서 가라사대 보라 날이 이를지라 내가 饑饉을 땅에 보내리니 糧食이 없어 주림이 아니며 물이 없어 渴함이 아니요 여호와의 말씀을 듣지 못한 飢渴이라

"Behold, days are coming," declares the Lord GOD, "When I will send a famine on the land, Not a famine for bread or a thirst for water, But rather for hearing the words of the LORD.

요 4:11 여자가 이르되 主여 물 길을 그릇도 없고 이 우물은 깊은데 어디서 당신이 그 生水를 얻겠사옵나이까

The woman said to him, "Sir, you have no bucket, and the well is deep. Where do you get that living water?

좋은 글

이 世代는 목마른 時代이다. 안타까운 것은 그 渴症을 完全히 채워 줄 것이 世上에는 없다는 것이다. ☞ 臨渴掘井(임갈굴정)

This generation is thirsty times.

It is sad that the world is not thirst will completely fill.

甘言利說

달 감 말씀 언 이로울 이 말할 설

듣기에 이롭고 좋은 말이지만 꾀어들이는 말
남의 脾胃에 맞도록 꾸민 달콤한 말과 이로운 條件을 붙여 꾀는 말.
Good sweet word and is decorated to
fit in another disagreeable conditions
paste counsel said.

성경 말씀

잠 12:6 惡人의 말은 사람을 엿보아 피를 흘리자 하는 것이어니와 正直한 者의 입은 사람을 救援하느니라
The words of the wicked lie in wait for blood, but the speech of the upright rescues them.

고전 15:33 속지 말라 惡한 동무들은 善한 行實을 더럽히나니
Do not be deceived, Bad company corrupts good morals.

좋은 글

惡한 길과 善한 길 두 길이 있다.
恒常 善한 길을 擇하여 가도록 努力하자.
Evil way, and the two on the right path
length. Let's try always go the right road to take.

改過遷善

고칠 **개** 허물 **과** 옮길 **천** 착할 **선**

지나간 허물을 고치고 착하게 됨.

Be nice to fix past mistakes.

성경 말씀

롬 12:2 너희는 이 世代를 本받지 말고 오직 마음을 새롭게 함으로 變化를 받아 하나님의 善하시고 기뻐하시고 穩全하신 뜻이 무엇인지 分別하도록 하라

Do not be conformed to this generation, but be transformed by the renewing of your minds, so that you may discern what is the will of God what is good and acceptable and perfect.

고후 5:17 그런즉 누구든지 그리스도 안에 있으면 새로운 被造物이라 以前 것은 지나갔으니 보라 새 것이 되었도다

So if anyone is in hrist, there is a new creation: everything old has passed away; see, everything has become new!

좋은 글

잘못된 過去를 바로잡는 것이 幸福의 길이다.

That happiness is a way of correcting bad past.

去頭截尾

버릴 거 머리 두 자를 절 꼬리 미

쓸데없는 군더더기는 빼고 核心만 取한다.

Useless waste of cash, but take heart.

성경 말씀

잠 9:10 여호와를 敬畏하는 것이 智慧의 根本이요 거룩하신 者를 아는 것이 明哲이니라

The fear of the LORD is the beginning of wisdom, and the knowledge of the Holy One is insight.

갈 6:15 割禮나 無割禮가 아무것도 아니로되 오직 새로 지으심을 받는 것만이 重要하니라

For neither circumcision nor uncircumcision is anything; but a new creation is everything!

좋은 글

核心的인 重要한 이야기는 빼놓고 쓸데없는 말만 늘어 놓는 사람이 있다. 福音을 傳하는 데도 그 核心을 잊으면 안 된다.

Bringing the core story is an important story, but arrange useless people. Do not forget also that the gospel should not be critical.

激濁揚淸

부딪칠 **격** 흐를 **탁** 오를 **양** 맑을 **청**

흐린 물을 씻어 내고 맑은 물을 흐르게 한다.
Clear water to wash off muddy the waters flow.

성경 말씀

시 51:10 하나님이여 내 속에 淨한 마음을 創造하시고 내 안에 正直한 靈을 새롭게 하소서
Create in me a clean heart, Oh God, and put a new and right spirit within me.

요 3:5 예수께서 對答하시되 眞實로 眞實로 네게 이르노니 사람이 물과 聖靈으로 나지 아니하면 하나님의 나라에 들어갈 수 없느니라
Jesus answered, "Truly, truly, I say to you, unless one is born of water and the Spirit he cannot enter into the kingdom of God.

좋은 글

2014년 새해 東海에 떠오르는 太陽을 보며 나도 世上에 빛이 되기를 나로 因하여 濁流 같은 世上이 變하여 깨끗한 世上이 되기를 祈願한다.
2014 New Year's Donghae watching the rising sun light I want the world like me shall turbid stream I wish the world was turned into a beautiful world.

見金如石

見볼 견 金쇠 금 如같을 여 石돌 석

淸廉과 勇猛을 兼한 將帥이거나 父母의 뜻과 가르침을 잘 지키는 孝子.
Integrity and bravery and served as a General or his parents' teaching filial punctual.

성경 말씀

사 57:17 그의 貪心의 罪惡으로 말미암아 내가 怒하여 그를 쳤으며 또 내 얼굴을 가리고 怒하였으나 그가 아직도 悖逆하여 自己 마음의 길로 걸어가도다
Because of the iniquity of his unjust gain I was angry and struck him; I hid My face and was angry, And he went on turning away, in the way of his heart.

갈 5:16 내가 이르노니 너희는 聖靈을 따라 行하라 그리하면 肉體의 慾心을 이루지 아니하리라
I say, walk by the Spirit, and you will not carry out the desire of the flesh.

좋은 글

"黃金을 돌같이 여기라"라는 최영 將軍의 말은 財物에 對한 지나친 慾心을 警戒하는 말이다.
"Golden like a stone here called" the Word of General Choi greed for wealth, the said boundary.

見利思義

볼 **견** 날카로울 **리** 생각 **사** 옳을 **의**

눈앞에 利益이 보일 때, 義理를 생각한다.

When you see the front of the profits, think of justice.

성경 말씀

신 6:25 우리가 그 命令하신 대로 이 모든 命令을 우리 하나님 여호와 앞에서 삼가 지키면 그것이 곧 우리의 義로움이니라 할지니라

If we diligently observe this entire commandment before the LORD our God, as he has commanded us, we will be in the right.

엡 5:9 빛의 열매는 모든 착함과 義로움과 眞實함에 있느니라

For the fruit of the light is found in all that is good and right and true.

좋은 글

사랑 · 義理 · 幸福 · 꿈 등 보이는 것보다 보이지 않는 것이 더 重要하다.

Love, justice, happiness, dreams, etc. It seems more important than the invisible.

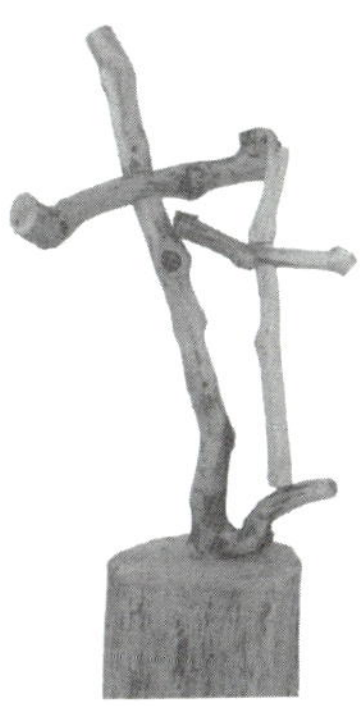

見蚊拔劍

볼 견 모기 문 뺄 발 칼 검

하찮은 일에 너무 크게 서두름.

Trivia too big, posthaste.

성경 말씀

욜 2:21 땅이여 두려워 말고 기뻐하며 즐거워할지어다 여호와께서 큰 일을 行하셨음이로다

Do not fear, O soil; be glad and rejoice, for the LORD has done great things!

마 12:19 그가 다투지도 아니하며 들레지도 아니하리니 아무도 길에서 그 소리를 듣지 못하리라

He will not wrangle or cry aloud, nor will anyone hear his voice in the streets.

좋은 글

하나님을 信賴하고 餘裕를 갖자.

Afford to trust God and Parcels.

浩然之氣 公明正大

Do not rush too much trouble over trifles to ENLARGE your own mind.

堅忍不拔

굳을 견 참을 인 아니 불 뺄 발

忍耐力이 많아서 屈하지 않는 마음.

Undeterred bear out.

성경 말씀

누 21:19 너희의 忍耐로 너희 靈魂을 얻으리라

By your endurance you will gain your souls.

약 1:4 忍耐를 온전히 이루라 이는 너희로 온전하고 具備하여 조금도 不足함이 없게 하려 함이라

And let endurance have its perfect result, so that you may be perfect and complete, lacking in nothing.

좋은 글

끝까지 참는 자가 좋은 것을 얻는다.

The end of enduring self-get something good.

見敵必殺

볼 **견** 원수 **적** 반드시 **필** 죽일 **살**

敵을 보면 반드시 죽여라.

Kill the enemy can not see.

성경 말씀

약 4:7 그런즉 너희는 하나님께 服從할지어다 魔鬼를 對敵하라 그리하면 너희를 避하리라

Submit therefore to God Resist the devil and he will flee from you.

좋은 글

靈的 戰爭 時代인 末世之末이다.

Last days of the war when the spiritual.

魔鬼와 妥協하면 반드시 지게 된다.

If you will be sure to compromise with the devil.

結者解之

맺을 결　사람 자　풀 해　갈 지

매듭을 지은 사람이 그것을 풀어야 한다는 말로 自身이 저지른 일은 自己가 解決하여야 한다는 뜻.

맺은 사람이 먼저 풀어야 한다.

Sign must be solved first.

성경 말씀

마 5:24 禮物을 祭壇 앞에 두고 먼저 가서 兄弟와 和睦하고 그 後에 와서 禮物을 드리라

leave your offering there before the altar and go; first be reconciled to your brother, and then come and present your offering.

마 18:35 너희가 각각 마음으로부터 兄弟를 容恕하지 아니하면 나의 하늘 아버지께서도 너희에게 이와 같이 하시리라

My heavenly Father will also do the same to you, if each of you does not forgive his brother from your heart.

좋은 글

容恕는 작은 사랑의 表現이다.

Small expression of love is forgiveness.

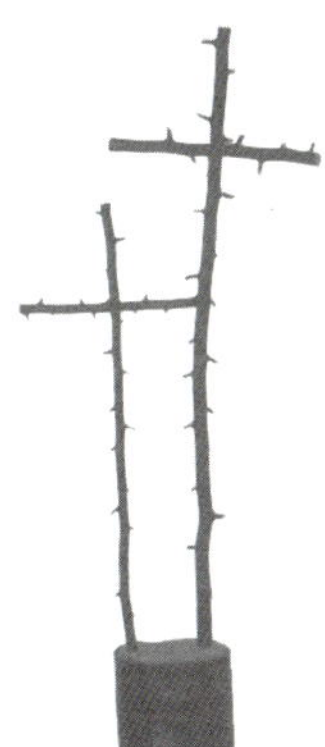

驚天動地

놀랄 **경** 하늘 **천** 움직일 **동** 땅 **지**

하늘이 놀라고 땅이 흔들린다.
세상을 깜짝 놀라게 함.
Surprised the sky, the earth shakes.
Surprised the world.

성경 말씀

출 20:20 모세가 百姓에게 이르되 두려워하지 말라 하나님이 臨하심은 너희를 試驗하고 너희로 敬畏하여 犯罪하지 않게 하려 하심이니라.
Moses said to the people, "Do not be afraid; for God has come in order to test you, and in order that the fear of Him may remain with you, so that you may not sin."

마 24:3 예수께서 감람山 위에 앉으셨을 때에 弟子들이 조용히 와서 이르되 우리에게 이르소서 어느 때에 이런 일이 있겠사오며 또 주의 臨하심과 世上 끝에는 무슨 徵兆가 있사오리이까.
As He was sitting on the Mount of Olives, the disciples came to Him privately, saying, "Tell us, when will these things happen, and what will be the sign of Your coming, and of the end of the age?"

좋은 글

오늘 하나님이 오신다면 罪의 問題를 解決하지 못한 사람들은 두려움에 떨게 될 것이다.
Today, if people have not been able to resolve the problem, sins of the coming of God will tremble in fear.

敬天愛人

공경할 **경** 하늘 **천** 사랑할 **애** 사람 **인**

하늘을 恭敬하고 사람을 사랑함.

A worshiper of God and loved people.

성경 말씀

잠 19:27 내 아들아 知識의 말씀에서 떠나게 하는 敎訓을 듣지 말지니라

Cease listening, my son, to discipline, And you will stray from the words of knowledge.

눅 10:27 대답하여 이르되 네 마음을 다하며 목숨을 다하며 힘을 다하며 뜻을 다하여 주 너의 하나님을 사랑하고 또한 네 이웃을 네 자신 같이 사랑하라 하였나이다.

And he answered, "you shall love the lord your god with all your heart, and with all your soul, and with all your strength, and with all your mind; and your neighbor as yourself."

좋은 글

十字架는 垂直線과 水平線의 만남이다.

수직선은 하나님을 向한 敬畏心을 수평선은 이웃을 向한 사랑을 表現하고 있다.

Meeting is vertical and horizontal lines of the cross.

Expression and vertical reverence toward God and love your neighbor horizon.

季布一諾

끝 계　베 포　한 일 대답할 락

한 번 約束하면 반드시 그 약속을 지킨다『史記』.
Once bound to keep a promise.

성경 말씀

신 29:9 그런즉 너희는 이 言約의 말씀을 지켜 行하라 그리하면 너희의 하는 모든 일이 亨通하리라
Therefore diligently observe the words of this covenant, in order that you may succeed in everything that you do.

요일 2:25 그가 우리에게 約束하신 것은 이것이니 곧 永遠한 生命이니라
And this is what he has promised us, eternal life.

좋은 글

約束이 있고, 그 約束을 지키는 社會에는 平和가 있다.
Have promises to keep that promise, there is a society at peace.

股肱之臣

넓적다리 고 팔뚝 굉 갈 지 신하 신

임금이 가장 믿고 重히 여기는 臣下.

Believe that the most cherished servants wages.

성경 말씀

잠 25:13 忠誠된 使者는 그를 보낸 이에게 마치 秋收하는 날에 얼음 冷水 같아서 能히 그 主人의 마음을 시원케 하느니라

Like the cold of snow in the time of harvest Is a faithful messenger to those who send him, For he refreshes the soul of his masters.

눅 12:36 너희는 마치 그 主人이 婚姻집에서 돌아와 門을 두드리면 곧 열어 주려고 기다리는 사람과 같이 되라

Be like men who are waiting for their master when he returns from the wedding feast, so that they may immediately open the door to him when he comes and knocks.

좋은 글

아브라함은 하나님의 信賴와 사랑을 받아 福을 나누어 주는 사람이 되었다. ☞ 고장지신(股掌之臣)

Abraham trusted God and loved by someone who was blessed to share.

膏粱珍味

기름 **고** 들보 **량** 보배 **진** 맛 **미**

기름진 고기와 좋은 곡식으로 만든 맛있는 음식.
Delicious food as fatty meats and fine grain.

성경 말씀

창 39:2,3 여호와께서 요셉과 함께하시므로 그가 亨通한 者가 되어 그 주인 애굽 사람의 집에 있으니 그 主人이 여호와께서 그와 함께하심을 보며 또 여호와께서 그의 凡事에 亨通케 하심을 보았더라
The LORD was with Joseph, so he became a successful man. And he was in the house of his master, the Egyptian. Now his master saw that the LORD was with him and how the LORD caused all that he did to prosper in his hand.

잠 17:1 마른 떡 한 조각만 있고도 和睦하는 것이 肉饍이 집에 가득하고 다투는 것보다 나으니라
Better is a dry morsel with quiet than a house full of feasting with strife.

좋은 글

山海珍味(산과 바다에서 나는 갖가지 珍貴한 産物로 만든 맛있는 음식)을 먹어도 하나님이 함께하지 않는 사람은 所望이 없는 사람이다.
God be with someone who does not eat the delicious food I made from a variety of rare products) in the mountains and the sea, who have no hope.

枯木生花

마를 고 나무 목 날 생 花꽃 화

마른 나무에 꽃이 핀다.

Dry trees in flower.

성경 말씀

욥 7:7 내 生命이 한 呼吸 같음을 생각하옵소서 나의 눈이 다시 福된 것을 보지 못하리이다

Remember that my life is but breath; My eye will not again see good.

골 3:1 그러므로 너희가 그리스도와 함께 다시 살리심을 받았으면 위의 것을 찾으라 거기는 그리스도께서 하나님 右便에 앉아 계시느니라

Therefore if you have been raised up with Christ, keep seeking the things above, where Christ is, seated at the right hand of God.

좋은 글

貧窮한 사람이 뜻밖의 幸運을 만나 멋진 人生을 꽃피울 수 있다.

Needy person, unexpected good fortune to meet a wonderful life can flourish.

最高의 幸運은 主 예수님을 만난 것이다.

Best of luck in the Lord Jesus will be met.

枯木生花

마를 고 나무 목 날 생 花꽃 화

마른 나무에 꽃이 핀다.

Dry trees in flower.

성경 말씀

겔 37:5 주 여호와께서 이 뼈들에게 말씀하시기를 내가 生氣로 너희에게 들어가게 하리니 너희가 살리라

Thus says the Lord GOD to these bones: I will cause breath to enter you, and you shall live.

행 16:31 이르되 主 예수를 믿으라 그리하면 너와 네 집이 救援을 받으리라 하고

They answered, "Believe on the Lord Jesus, and you will be saved, you and your household."

좋은 글

하나님을 모르고 外面하며 살았으나 이것은 죽은 人生이요, 하나님을 알고 믿으면 죽었던 生命이 살아나 永生을 얻게 된다.

Turn away if you do not know God dead, but lived life, dead life to know God and to believe gain eternal life is surviving.

孤掌難鳴

외로울 고 손바닥 장 어려울 난 울 명

한 손뼉만으로는 소리가 나지 않는다.

Clapping alone does not sound.

성경 말씀

겔 37:17 그 막대기들을 서로 聯合하여 하나가 되게 하라 네 손에서 둘이 하나가 되리라

and join them together into one stick, so that they may become one in your hand.

빌 2:2 마음을 같이하여 같은 사랑을 가지고 뜻을 合하며 한마음을 품어

fulfill my joy by being like-minded, having the same love, being of one accord, of one mind.

좋은 글

白紙張도 맞들면 낫다.

Two heads are better than one.

苦盡甘來

쓸 고 다할 진 달 감 올 래

괴로움이 다하면 즐거움이 온다.

Bitterness at the end of the fun comes.

성경 말씀

누 21:19 너희의 忍耐로 너희 靈魂을 얻으리라

By your endurance you will gain your souls.

계 21:7 이기는 者는 이것들을 相續으로 받으리라 나는 그의 하나님이 되고 그는 내 아들이 되리라

Those who conquer will inherit these things, and I will be their God and they will be my children.

좋은 글

잘 참는 사람을 이기기는 어렵다.

Well endurance a difficult win.

高枕安眠

높을 고 베개 침 편안할 안 잠잘 면

베개를 높이 하여 便安히 잔다.
Height of the pillow, and sleep comfortably.

마 6:34 그러므로 내일 일을 위하여 念慮하지 말라 내일 일은 내일 念慮할 것이요 한 날의 괴로움은 그 날로 足하니라.
"So do not worry about tomorrow; for tomorrow will care for itself. Each day has enough trouble of its own.

성경말씀

便安한 삶은 主안에 있는 것이다.
Comfortable life in the state.

좋은 글

空言無施

빌 공 말씀 언 없을 무 베풀 시

빈말만 하고 實踐하지 아니함.

A hollow, but not meet the practice.

성경 말씀

신 13:4 너희는 너희 하나님 여호와를 順從하며 그를 敬畏하며 그 命令을 지키며 그 목소리를 聽從하며 그를 섬기며 그를 依支하고

You shall follow the LORD your God and fear Him; and you shall keep His commandments, Obey to His voice, serve Him, and cling to Him

약 1:25 自由롭게 하는 穩全한 律法을 들여다보고 있는 者는 듣고 잊어버리는 자가 아니요 實踐하는 者니 이 사람은 그 行하는 일에 福을 받으리라

But one who looks intently at the perfect law, the law of liberty, and abides by it, not having become a forgetful hearer but an effectual doer, this man will be blessed in what he does.

좋은 글

尊敬받는 사람은 말을 함부로 하지 않는다. 또한 自身이 한 말에 責任을 진다.

Respected people do not speak carelessly. Also responsible for their own words.

共存共榮

함께 공 존재 존 함께 공 영화 영

함께 살고 함께 번영함.

Live together and prosper together.

성경 말씀

출 12:4 그 어린 羊에 대하여 食口가 너무 적으면 그 집의 이웃과 함께 사람 數를 따라서 하나를 잡고 各 사람이 먹을 수 있는 分量에 따라서 너희 어린 羊을 計算할 것이며

If any household is too small for a whole lamb, they must share one with their nearest neighbor, having taken into account the number of people there are. You are to determine the amount of lamb needed in accordance with what each person will eat.

잠 17:1 마른 떡 한 조각만 있고도 和睦하는 것이 肉饍이 집에 가득하고 다투는 것보다 나으니라

Better a dry crust with peace and quiet than a house full of feasting, with strife.

좋은 글

더불어 사는 세상 좋은 이웃과 함께할 수 있으면 얼마나 좋은가 나도 좋은 이웃이 되도록 努力하자.

How Can I live with the world if it can be done with good neighbors and let's try to be a good neighbor.

過猶不及

지날 **과** 망설일 **유** 아니 **불** 미칠 **급**

모든 사물(事物)이 정도(正道)를 지나치면 도리어 안한 것만 못함이라 『중용(中庸)』.

Did not overdo it, but the degree of all things is worse than.

성경 말씀

왕상 19:14 저가 對答하되 내가 萬軍의 하나님 여호와를 爲하여 熱心이 有別하오니 이는 이스라엘 子孫이 主의 言約을 버리고 主의 祭壇을 헐며 칼로 主의 先知者들을 죽였음이오며 오직 나만 남았거늘 저희가 내 生命을 찾아 取하려 하나이다

He answered, "I have been very zealous for the LORD, the God of hosts; for the sons of Israel have forsaken Your covenant, torn down Your altars and killed Your prophets with the sword. And I alone am left; and they seek my life, to take it away."

요 2:17 弟子들이 聖經 말씀에 主의 殿을 思慕하는 熱心이 나를 삼키리라 한 것을 記憶하더라

His disciples remembered that it was written, "Zeal for your house will consume me."

좋은 글

좋은 일도 自己 생각대로만 하면 잘못될 수 있다.
사람들의 생각과 하늘의 뜻을 알도록 努力해야 한다.

Just follow the good things that he thinks may be irrational. Should try to think of the people and the will of heaven.

寬仁大度

너그러울 **관** 인자할 **인** 큰 **대** 법도 **도**

너그럽고 仁慈하며 度量(너그러운 마음과 깊은 생각)이 넓다.

Broad factors generous and magnanimous.

성경 말씀

잠 19:6 너그러운 사람에게는 恩惠를 救하는 者가 많고 膳物을 주기를 좋아하는 者에게는 사람마다 親舊가 되느니라

Many seek the favor of the generous, and everyone is a friend to a giver of gifts.

딤전 6:18 善을 行하고 善한 事業을 많이 하고 나누어 주기를 좋아하며 너그러운 者가 되게 하라

They are to do good, to be rich in good works, generous, and ready to share.

좋은 글

언제나 大人의 마음을 품고, 大人의 길을 가자.

Let's always have a mind of interpersonal, interpersonal way.

光陰如流

빛 광 그늘 음 같을 여 흐를 유

세월이 흐르는 물과 같이 빠르다.

As the years fast flowing water.

성경 말씀

엡 5:16 歲月을 아끼라 때가 惡하니라

making the most of the time, because the days are evil.

좋은 글

얼굴엔 주름이 늘고 歲月은 덧없이 흐르는구나. 내 人生의 뒤안길엔 어떤 足跡이 남으려나!

The years have wrinkles on my face increasing flows endlessly. Which will leave footprints in my life!

狡兎三窟

교활할 교 토끼 토 석 삼 굴 굴

智慧로운 토끼는 구멍을 세 개 파 놓는다.
A wise rabbit prepared three sets of holes dug.
갑작스런 難關에 對處해 미리 準備해 놓는 것을 말한다.
Prepare a sudden challenge, prepare for the day.

성경 말씀

마 24:44 이러므로 너희도 準備하고 있으라 생각하지 않은 때에 人子가 오리라
Therefore you also must be ready, for the Son of Man is coming at an unexpected hour.

요 14:1–3 너희는 마음에 근심하지 말라 하나님을 믿으니 또 나를 믿으라 내 아버지 집에 거할 곳이 많도다 그렇지 않으면 너희에게 일렀으리라 내가 너희를 위하여 居處를 豫備하러 가노니
Do not let your hearts be troubled. Believe in God, believe also in me. In my Father's house there are many dwelling places. If it were not so, would I have told you that I go to prepare a place for you?

좋은 글

有備無患, 미리 準備해 놓으면 근심이 없다.
Release prepared mesial not.

教學相長

가르칠 교　배울 학　서로 상　긴 장

가르치고 배우면서 서로 成長한다.

Learn and teach each other grow.

성경 말씀

가르치는 일과 배우는 일이 함께 되어야 自身의 學業이 向上된다.

Teaching and learning to be with their academic work is improved.

잠 15:17 菜蔬를 먹으며 서로 사랑하는 것이 살진 소를 먹으며 서로 미워하는 것보다 나으니라

Better is a dinner of vegetables where love is than a fatted ox and hatred with it.

히 10:24 서로 돌아보아 사랑과 善行을 激勵하며

And let us consider how to provoke one another to love and good deeds,

좋은 글

내가 누군가를 도우려고 할 때 다른 사람도 나에게 도움이 되어 준다.

When I try to help someone help me and other people give.

九曲肝腸

아홉 **구** 굽을 **곡** 간 **간** 창자 **장**

깊은 마음속. Deep inside.

성경 말씀

왕하 2:14 엘리야의 몸에서 떨어진 그 겉옷을 가지고 물을 치며 가로되 엘리야의 하나님 여호와는 어디 계시니이까 하고 저도 물을 치매 물이 이리저리 갈라지고 엘리사가 건너니라

Then he took the cloak that had fallen from him and struck the water with it. "Where now is the LORD, the God of Elijah?" he asked. When he struck the water, it divided to the right and to the left, and he crossed over.

사 55:6 너희는 여호와를 만날 만한 때에 찾으라 가까이 계실 때에 그를 부르라

Seek the LORD while he may be found, call upon him while he is near.

마 7:7 救하라 그리하면 너희에게 주실 것이요 찾으라 그리하면 찾아낼 것이요 문을 두드리라 그리하면 너희에게 열릴 것이니

Ask and it will be given to you; seek and you will find; knock and the door will be opened to you.

좋은 글

하나님 사랑이 그리워 九曲肝腸이 다 녹습니다.

하나님 아버지가 그리워 時도 때도 없이 눈물이 흐릅니다.

God will love sad heart.

Heavenly Father, I miss the tears flow without even attempting.

救世濟民

건질 구 세상 세 건널 제 백성 민

어지러운 世上을 바로잡고 苦痛받는 民衆을 救濟하다.

Fixing the world suffering from dizzy with relief to the people.

성경 말씀

렘 51:45 나의 百姓아 너희는 그 中에서 나와 各其 나 여호와의 震怒를 避하라

Come forth from their midst, My people, And each of you save yourselves From the fierce anger of the LORD.

빌 2:12 그러므로 나의 사랑하는 者들아 너희가 나 있을 때뿐 아니라 더욱 지금 나 없을 때에도 恒常 服從하여 두렵고 떨림으로 너희 救援을 이루라

Therefore, my beloved, just as you have always obeyed, not as in my presence only, but now much more in my absence, work out your salvation with fear and trembling.

좋은 글

그리스도인은 세상의 빛과 소금이 되어 세상을 구원해야 한다.

Christians are the salt and light of the world should be to save the world.

救援應答

건질 구 당길 원 응할 응 대답할 답

부름에 答하여 건져 내다.

Rescued by answering the call.

성경 말씀

왕상 18:37 여호와여 내게 應答하옵소서 내게 應答하옵소서 이 百姓으로 主 여호와는 하나님이신 것과 主는 저희의 마음으로 돌이키게 하시는 것을 알게 하옵소서 하매

Answer me, O LORD, answer me, so that this people may know that you, O LORD, are God, and that you have turned their hearts back.

마 10:22 또 너희가 내 이름으로 말미암아 모든 사람에게 미움을 받을 것이나 나중까지 견디는 者는 救援을 얻으리라

and you will be hated by all because of my name. But the one who endures to the end will be saved.

좋은 글

하나님은 모든 祈禱에 應答하신다. 때로는 否定的이거나 無應答으로 應答하실 때가 있다.

God answers prayer for all us. Sometimes when you have to answer negative or no response.

窮通只在彼蒼天

다할 궁 통할 통 다만 지 있을 재 저편 피 푸를 창 하늘 천

貧窮과 榮達은 오직 저 하늘에 달렸으니.

God is prosperity depends.

성경말씀

전 2:24 사람이 먹고 마시며 수고하는 것보다 그의 마음을 기쁘게 하는 것이 없나니 내가 이것도 본즉 하나님의 손에서 나오는 것이로다

There is nothing better for a man than to eat and drink and tell himself that his labor is good This also I have seen that it is from the hand of God.

요일 4:9 하나님의 사랑이 우리에게 이렇게 나타난 바 되었으니 하나님이 자기의 獨生子를 世上에 보내심은 그로 말미암아 우리를 살리려 하심이라

The love of God was manifested in us, that God has sent His only begotten Son into the world so that we might live through Him.

좋은 글

人間의 吉凶 生死禍福은 하나님의 손에서 나온다.

Human well-being is not as life and death, blessing and curse of God, from the hand.

勸善懲惡

권할 **권** 착할 **선** 징계할 **징** 나쁠 **악**

착한 일은 권장하고, 악한 일은 징계함.

Recommended that a good thing, bad thing as discipline.

성경 말씀

잠 13:21 災殃은 罪人을 따르고 善한 報應은 義人에게 이르느니라

Misfortune pursues sinners, but prosperity rewards the righteous.

요삼 1:11 사랑하는 者여 惡한 것을 本받지 말고 善한 것을 本받으라 善을 行하는 者는 하나님께 屬하고 惡을 行하는 者는 하나님을 뵈옵지 못하였느니라

Beloved, do not imitate what is evil but imitate what is good. Whoever does good is from God; whoever does evil has not seen God.

좋은 글

惡이 줄어들고 善이 가득 찬 世上이 되었으면 얼마나 좋을까? 우리 後孫들은 그런 世上에서 살았으면 좋겠다.

A world full of evil has been decreasing how much goodness is better? Descendants have lived in such a world we wish.

捲土重來

말 권 흙 토 무거울 중 올 래

싸움에 敗했다가 다시 힘을 길러 쳐들어오다.
Was defeated in the battle again strengthens invade.

성경 말씀

시 34:19 義人은 苦難이 많으나 여호와께서 그 모든 苦難에서 건지시는도다
Many are the afflictions of the righteous, but the LORD delivers him out of them all.

잠 24:16 大抵 義人은 일곱 번 넘어질지라도 다시 일어나려니와 惡人은 災殃으로 말미암아 엎드러지느니라
For a righteous man falls seven times, and rises again, But the wicked stumble in time of calamity.

좋은 글

어떤 일에 失敗하더라도 힘을 가다듬어 다시 始作할 수 있어야 한다.
Fail at something, even if the power to calm your should be able to start again.

克己復言

이길 극 몸 기 돌아올 복 말씀 언

自己를 이기는 訓練.

Self-control training

성경 말씀

욥 5:7 인생은 고난을 위하여 났나니 불티가 위로 날음 같으니라

but human beings are born to trouble just as sparks fly upward.

계 3:21 이기는 그에게는 내가 내 寶座에 함께 앉게 하여 주기를 내가 이기고 아버지 寶座에 함께 앉은 것과 같이하리라

To him who overcomes, I will give the right to sit with me on my throne, just as I overcame and sat down with my Father on his throne.

좋은 글

最後의 勝利는 天國의 門을 여는 것이다.

The ultimate victory will open the gates of heaven.

克己復言, 克己訓鍊

Make a lot of snow so cold.

錦上添花

비단 **금** 윗 **상** 더할 **첨** 꽃 **화**

비단 위에 꽃을 보탠다.

Silk flowers may be added on.

Icing on the cake.

성경 말씀

시 107:9 저가 思慕하는 靈魂을 滿足케 하시며 주린 靈魂에게 좋은 것으로 채워 주심이로다.

For He has satisfied the thirsty soul, And the hungry soul He has filled with what is good.

요삼 1:2 사랑하는 자여 네 靈魂이 잘 됨같이 네가 凡事에 잘 되고 强健하기를 내가 懇求하노라

Beloved, I pray that in all respects you may prosper and be in good health, just as your soul prospers.

좋은 글

좋은 일에 좋은 일이 더하는 幸福한 나날들은 主님 안에서만 可能하다.

Is a good thing is a good thing to add to the happy days God within.

錦衣還鄕

비단 금 옷 의 돌아올 환 시골 향

緋緞옷을 입고 故鄕에 돌아온다.
Wearing a silk dress with returned to their hometowns.

성경 말씀

마 7:21 나더러 主여 主여 하는 者마다 다 天國에 들어갈 것이 아니요 다만 하늘에 계신 내 아버지의 뜻대로 行하는 者라야 들어가리라
"Not everyone who says to Me, 'Lord, Lord,' will enter the kingdom of heaven, but he who does the will of My Father who is in heaven will enter.

전 8:15 이에 내가 喜樂을 稱讚하노니 이는 사람이 먹고 마시고 즐거워하는 것보다 해 아래서 나은 것이 없음이라 하나님이 사람으로 해 아래서 살게 하신 날 동안 수고하는 中에 이것이 恒常 함께 있을 것이니라
So I commended pleasure, for there is nothing good for a man under the sun except to eat and to drink and to be merry, and this will stand by him in his toils throughout the days of his life which God has given him under the sun.

좋은 글

한 번 뿐인 人生 멋지게 즐겁게 살다가 나의 진정한 故鄕 하나님 아버지 앞에 가게 해 주세요.
Only life once lived nicely entertained please let me go back in front of the Heavenly Father, my true home.

汲水功德

기를 급 물 수 공 공 큰 덕

물을 떠서 남에게 주는 덕.

A man floating in the water to a good one.

성경 말씀

잠 25:25 먼 땅에서 오는 좋은 奇別은 목마른 사람에게 冷水 같으니라
Like cold water to a thirsty soul, so is good news from a far country.

마 10:42 또 누구든지 弟子의 이름으로 이 작은 者 中 하나에게 冷水 한 그릇이라도 주는 者는 내가 眞實로 너희에게 이르노니 그 사람이 決斷코 賞을 잃지 아니하리라 하시니라
And whoever in the name of a disciple gives to one of these little ones even a cup of cold water to drink, truly I say to you, he shall not lose his reward.

좋은 글

쉬운 일이지만 남을 爲하여 하는 일은 善行이다.
작은 善行이 모이면 하나님이 稱讚하시는 아름다운 人生이 된다.
The easy thing to others, but is a good one.
In this mode, the small leading a beautiful life you have to praise God.

起死回生

일어날 **기** 죽을 **사** 돌 **회** 날 **생**

죽음에 다다른 사람을 살리는 것(恩惠를 베풂).

Dramatically in the crisis of death come to live again.

성경 말씀

시 71:20 우리에게 많고 심한 苦難을 보이신 주께서 우리를 다시 살리시며 땅 깊은 곳에서 다시 이끌어 올리시리이다

You who have shown me many troubles and distresses Will revive me again, And will bring me up again from the depths of the earth.

롬 3:24 그리스도 예수 안에 있는 贖良으로 말미암아 하나님의 恩惠로 값없이 義롭다 하심을 얻은 者 되었느니라

being justified as a gift by His grace through the redemption which is in Christ Jesus.

좋은 글

機會를 주시고 다시 살게 하시는 하나님을 讚揚합니다.

A chance to live again and God praise.

騎虎之勢

말탈 **기** 범 **호** 갈 **지** 기세 **세**

호랑이를 타고 달리는 形勢.

Riding a tiger running situation.

성경 말씀

시 119:33 여호와여 주의 律例의 道를 내게 가르치소서 내가 끝까지 지키리이

Teach me, O LORD, the way of your statutes, and I will observe it to the end.

눅 10:19 내가 너희에게 뱀과 전갈을 밟으며 怨讐의 모든 能力을 制御할 權能을 주었으니 너희를 해칠 자가 결코 없으리라.

"Behold, I have given you authority to tread on serpents and scorpions, and over all the power of the enemy, and nothing will injure you.

좋은 글

中途에 그만두면 그동안 苦生한 것은 報償을 받을 수 없다.

Just quit midway struggled for compensation shall not be eligible.

奇貨可居

기이할 기 재물 화 옳을 가 살 거

珍貴한 物件을 사 두었다가 훗날 큰 利益을 얻게 한다.

Four rare thing to save them for later gained huge profits.

① 좋은 機會를 기다려 큰 利益을 얻는다.

Waiting for a good opportunity to get a big profit.

② 훗날 利用할 수 있는 사람을 돌봐 주며 機會가 오기를 기다린다.

Gives future to take care of those who can take advantage of the opportunity awaits.

성경 말씀

창 22:17 내가 네게 큰 福을 주고 네 씨로 그게 蕃盛하여 하늘의 별과 같고 바닷가의 모래와 같게 하리니 네 씨가 그 對敵의 城門을 차지하리라

I will greatly bless you, and I will greatly multiply your seed as the stars of the heavens and as the sand which is on the seashore; and your seed shall possess the gate of their enemies.

마 13:44 天國은 마치 밭에 감추인 寶貨와 같으니 사람이 이를 發見한 후 숨겨 두고 기뻐하며 돌아가서 자기의 所有를 다 팔아 그 밭을 사느니라

"The kingdom of heaven is like treasure hidden in a field, which someone found and hid; then in his joy he goes and sells all that he has and buys that field.

좋은 글

恒常 마음이 있는 곳이 天國이기를 祈禱하자.

Have always prayed to be in heaven.

四字成語 祈禱

넉 사 글자 자 이룰 성 말씀 어 빌 기 빌 도

성경 말씀

시 109:26 여호와 나의 하나님이여 나를 도우시며 主의 仁慈하심을 좇아 나를 救援하소서

Help me, o lord my God; Save me according to Your loving kindness.

좋은 글

寤寐不忘 나의 하나님 나의 아버지!

이 아들이 恒常 右往左往 優柔不斷하지 않고, 外柔內剛을 이루어 搖之不動 아버지를 向한 사랑으로 乘風波浪 勇猛精進하여 하나님의 役事 아버지의 뜻(God's Will 大義)이 天地同時 이루는 데 一翼하게 하소서. 하나님 아버지를 노래하고 純潔無垢한 信仰으로 언제나 主 안에 居하며 壽福康寧케 하소서.

罪로 어두워진 세상이 아버지의 生命의 빛으로 桑田碧海를 이루어 오직 아버지의 榮光이 燎原之火 되게 하소서.

아버지의 뜻이 하늘에서와 같이 땅에서도 이루어질 때까지 그것이 牛步萬里라 할지라도 擧族一致하여 全心致志하고 切齒腐心하여 磨斧爲針의 努力으로 大義名分 完遂를 爲해 精神集中 最善을 다하게 하소서. 神人合一 아버지와 하나 된 사람이 이 나라 最高 指導者가 되어야 합니다. 그것은 곧 大韓民國을 아버지께서 直接 다스리신다는 意味가 되기 때문입니다.

南北 間 思想葛藤, 東西 間 地域葛藤을 없애고 貧富隔差를 줄이고, 治癒하여 民族 同質性을 回復한 統一國家되어 世界의 指導國家로서 影響力을 發揮 韓民族이 列邦을 救援하는 그 날을 期待합니다. 사랑합니다. 無所不在 全知全能하신 나의 하나님 아버지 언제나 永遠無窮토록 享福無疆하게 하소서.

나

樂極哀生

즐거울 낙 극할 극 슬플 애 날 생

즐거움이 極에 달하면 슬픔이 생긴다.

Formed joy At the zenith of sadness.

성경 말씀

전 2:17 이러므로 내가 사는 것을 한하였노니 이는 해 아래서 하는 일이 내게 괴로움이요 다 헛되어 바람을 잡으려는 것임이로다.

So I hated life, for the work which had been done under the sun was grievous to me; because everything is futility and striving after wind.

살전 5:16–18 恒常 기뻐하라 쉬지 말고 祈禱하라 凡事에 感謝하라 이것이 그리스도 예수 안에서 너희를 向하신 하나님의 뜻이니라

Rejoice always, pray without ceasing, give thanks; for this is God's will for you in Christ Jesus.

요삼 1:2 사랑하는 者여 네 靈魂이 잘 됨같이 네가 凡事에 잘 되고 康健하기를 내가 懇求하노라.

Beloved, I pray that in all respects you may prosper and be in good health, just as your soul prospers.

좋은 글

모든 것을 受容하고 凡事에 感謝하며 사는 것이 幸福이다.

Thanks in all circumstances, and accept everything and to live happy.

落張不入

떨어질 **낙** 베풀 **장** 아니 **불** 들 **입**

화투 · 투전 · 트럼프에서 한번 판에 내어 놓은 牌張은 이를 물리기 위하여 다시 집어 들지 못하는 것을 말함.

Playing cards, Fighter, playing out at once placed on board is not picked up again means that to change.

성경 말씀

민 23:20 내가 祝福의 命을 받았으니 그가 하신 祝福을 내가 돌이킬 수 없도다.

"Behold, I have received a command to bless; When He has blessed, then I cannot revoke it.

갈 5:1 그리스도께서 우리를 自由롭게 하려고 自由를 주셨으니 그러므로 굳건하게 서서 다시는 종의 멍에를 매지 말라

It was for freedom that Christ set us free; therefore keep standing firm and do not be subject again to a yoke of slavery.

좋은 글

한 번 시행한 일은 다시 하지 못함으로 처음부터 빈틈없이 해야 한다.

Once again, the inability to enforce the work should be tight from the beginning.

囊中之錐

주머니 **낭** 가운데 **중** 갈 **지** 송곳 **추**

주머니 속의 송곳이란 말로 才能이 뛰어난 사람은 숨어 있어도 언젠가 남에게 저절로 드러나게 된다는 뜻.

Is clearly in the pocket of the hidden words, even if the talented people it means that one day reveal itself to others.

성경 말씀

잠 27:1 너는 내일 일을 자랑하지 말라 하루 동안에 무슨 일이 날는지 네가 알 수 없음이니라

Do not boast about tomorrow, for you do not know what a day may bring forth.

벧전 5:6 그러므로 하나님의 能하신 손 아래에서 謙遜하라 때가 되면 너희를 높이시리라

Humble yourselves, therefore, under God's mighty hand, that he may lift you up in due time.

좋은 글

自身의 才能을 자랑치 말고 때를 기다리며 最善을 다해 準備한다.

Do not boast your talents to best prepare the waiting time.

內住亨通

안 **내** 살 **주** 형통할 **형** 통할 **통**

주님과 함께하면 모든 일이 잘 된다.

When everything goes well, one with God.

성경 말씀

창 39:3 그 主人이 여호와께서 그와 함께하심을 보며 또 여호와께서 그의 凡事에 亨通케 하심을 보았더라

When his master saw that the LORD was with him and that the LORD gave him success in everything he did.

요 15:7 너희가 내 안에 居하고 내 말이 너희 안에 居하면 무엇이든지 願하는 대로 救하라 그리하면 이루리라

If you remain in me and my words remain in you, ask whatever you wish, and it will be given you.

좋은 글

주님이 함께하시는 아름다운 空間을 우리에게 주십시오.
十字架 · 公園 · 쉼터 · 治癒센터 · 리더십 學校…….

Today's Prayer

"This is with the Lord give us a beautiful space.
Cross Park, shelter, healing center, school leadership…."

老馬之智

늙을 노 말 마 갈 지 지혜 지

늙은 말의 智慧.

The wisdom of the old horse.

성경 말씀

시 22:26 謙遜한 者는 먹고 배부를 것이며 여호와를 찾는 자는 그를 讚頌할 것이라 너희 마음은 永遠히 살지어다.

The poor shall eat and be satisfied; those who seek him shall praise the LORD. May your hearts live forever!

잠 22:4 謙遜과 여호와를 敬畏함의 報應은 財物과 榮光과 生命이니라.

The reward of humility and the fear of the lord Are riches, honor and life.

마 11:29 나는 마음이 溫柔하고 謙遜하니 나의 멍에를 메고 내게 배우라 그리하면 너희 마음이 쉼을 얻으리니

Take my yoke upon you and learn from me, for i am gentle and humble in heart, and you will find rest for your souls.

좋은 글

아무리 하찮은 것일지라도 저마다 長點을 지니고 있다. 배우려는 姿勢만 있다면 모든 것이 스승이 되어 줄 것이다.

No matter how trivial, even though it has a long-term advantages for each. If you have to learn the attitude everything will mentor.

老馬之智

늙을 노 말 마 갈 지 지혜 지

아무리 하찮은 사람일지라도 제각기 長點이 있다.
o matter how each person lacking even advantages.

성경 말씀

딤전 4:6 네가 이것으로 兄弟를 깨우치면 그리스도 예수의 좋은 일꾼이 되어 믿음의 말씀과 네가 따르는 좋은 敎訓으로 養育을 받으리라.
In pointing out these things to the brethren, you will be a good servant of Christ Jesus, constantly nourished on the words of the faith and of the sound doctrine which you have been following.

레 19:17 너는 네 兄弟를 마음으로 미워하지 말며 이웃을 因하여 罪를 當치 않도록 그를 반드시 責善하라
You shall not hate your fellow countryman in your heart; you may surely reprove your neighbor, but shall not incur sin because of him.

좋은 글

모든 사람은 나의 선생이다.
누구나 장점 한 가지는 있을 것이기 때문이다.
Everyone is my teacher.
Because there is one thing that everyone benefits.

多多益善

많을 다 많을 다 더할 익 좋을 선

많으면 많을수록 더 좋다.

Many more better.

성경 말씀

대상 4:10 야베스가 이스라엘 하나님께 아뢰어 가로되 원컨대 主께서 내게 福에 福을 더하사 나의 地境을 넓히시고 主의 손으로 나를 도우사 나로 患難을 벗어나 근심이 없게 하옵소서 하였더니 하나님이 그 救하는 것을 許諾하셨더라

Jabez called on the God of Israel, saying, "Oh that You would bless me indeed and enlarge my border, and that Your hand might be with me, and that You would keep me from harm that it may not pain me!" And God granted him what he requested.

요삼 1:2 사랑하는 자여 네 靈魂이 잘 됨같이 네가 凡事에 잘 되고 康健하기를 내가 懇求하노라

Beloved, I pray that in all respects you may prosper and be in good health, just as your soul prospers.

좋은 글

하나님과의 關係가 좋고, 모든 일들이 다 잘 되고, 언제나 健康할 수 있다면 이보다 더 좋을 수는 없을 것이다.

Has a good relationship with God, all things are well, and always be healthy if more not be good.

大器晚成

큰 대 그릇 기 늦을 만 이룰 성

큰 그릇은 늦게 完成된다. 나이가 든 후에 成功함.
Large bowl is completed late. Older After success.

성경 말씀

잠 17:3 도가니는 銀을, 풀무는 金을 鍊鍛하거니와 여호와는 마음을 鍊鍛하시느니라
The crucible is for silver, and the furnace is for gold, but the LORD tests the heart.

벧전 1:7 너희 믿음의 확실함은 불로 鍊鍛하여도 없어질 金보다 더 貴하여 예수 그리스도께서 나타나실 때에 稱讚과 榮光과 尊貴를 얻게 할 것이니라
the proof of your faith, being more precious than gold which is perishable, even though tested by fire, may be found to result in praise and glory and honor at the revelation of Jesus Christ.

좋은 글

이미 늦었다고 생각할 때 바로 시작하면 아직 늦은 것이 아니다.
Already too late for that, when you think when you start is not too late.

大鵬逆風飛飛

큰 대　붕새 붕　거스를 역　바람 풍　날 비　날 비

큰 새는 바람을 거슬러 난다.

Big bird flying against the wind.

성경 말씀

롬 12:2 너희는 이 世代를 本받지 말고 오직 마음을 새롭게 함으로 變化를 받아 하나님의 善하시고 기뻐하시고 穩全하신 뜻이 무엇인지 分別하도록 하라

Do not be conformed to this world, but be transformed by the renewing of your mind, so that you may prove what the will of God is, that which is good and acceptable and perfect.

벧전 4:16 萬一 그리스도인으로 苦難을 받으면 부끄러워하지 말고 도리어 그 이름으로 하나님께 榮光을 돌리라

If anyone suffers as a Christian, do not to be ashamed, but is to glorify God in this name.

좋은 글

큰 새는 바람을 거슬러 날고 살아 있는 물고기는 거슬러 헤엄친다.

Big bird flying against the wind live fish swim against the current.

韜光養晦

감출 **도** 빛 **광** 기를 **양** 그믐 **회**

빛을 감추고 어둠 속에서 힘을 기른다.
To hide the light in the darkness and bring up power.

성경말씀

잠 6:8 먹을 것을 여름 동안에 豫備하며 秋收 때에 糧食을 모으느니라.
Prepares her food in the summer And gathers her provision in the harvest.

딛 3:14 또 우리 사람들도 열매 없는 者가 되지 않게 하기 爲하여 必要한 것을 準備하는 좋은 일에 힘쓰기를 배우게 하라
And Our people must also learn to engage in good deeds to meet pressing needs, so that they will not be unfruitful.

좋은 글

미리 準備하면 언젠가 使用하게 된다.
If you are prepared to use some day.

讀書亡羊

읽을 **독** 글 **서** 망할 **망** 양 **양**

일에는 뜻이 없고 딴 생각을 하다가 狼狽를 당한다.
I mean that there is no one else to look awful while.

성경말씀

사 5:12 그들이 宴會에는 竪琴과 琵琶와 小鼓와 피리와 포도주를 갖추었어도 여호와께서 行하시는 일에 關心을 두지 아니하며 그의 손으로 하신 일을 보지 아니하는도다
Their banquets are accompanied by lyre and harp, by tambourine and flute, and by wine; But they do not pay attention to the deeds of the LORD, Nor do they consider the work of His hands.

마 10:28 몸은 죽여도 靈魂은 能히 죽이지 못하는 者들을 두려워하지 말고 오직 몸과 靈魂을 能히 地獄에 滅하실 수 있는 이를 두려워하라
Do not fear those who kill the body but are unable to kill the soul; but rather fear Him who is able to destroy both soul and body in hell.

좋은글

그리스도인이 하나님과 天國과 自身의 靈魂에 對하는 關心이 없고 무엇을 위해 그렇게도 바쁜지…….
Christians are busy for what so ever… and God for his soul is in heaven, and there is no interest.

同病相憐

한가지 **동** 병들 **병** 서로 **상** 불쌍히 여길 **련**

處地가 같은 사람끼리 서로 同情함.

People together in exactly the same boat as all sympathy.

성경 말씀

요 13:14 내가 主와 또는 先生이 되어 너희 발을 씻었으니 너희도 서로 발을 씻어 주는 것이 옳으니라

So if I, your Lord and Teacher, have washed your feet, you also ought to wash one another's feet.

벧전 4:10 各各 恩賜를 받은 대로 하나님의 여러 가지 恩惠를 맡은 善한 廳지기같이 서로 奉仕하라

Each one should use whatever gift he has received to serve others, faithfully administering God's grace in its various forms.

좋은 글

白紙張도 맞들면 낫다는 말처럼 어려울 때 서로 돕는 것은 작은 사랑의 實踐이다.

Sheet of white paper also difficult to like each other better than one story and help each other a little love in practice.

라

勞心焦思

일할 노 마음 심 그을릴 초 생각 사

애를 쓰고 속을 태움.

Scrambling and stew.

성경 말씀

암 5:4 여호와께서 이스라엘 族屬에게 이르시기를 너희는 나를 찾으라 그리하면 살리라

For thus says the LORD to the house of Israel: Seek me and live.

눅 11:9 내가 또 너희에게 이르노니 救하라 그러면 너희에게 주실 것이요 찾으라 그러면 찾아낼 것이요 문을 두드리라 그러면 너희에게 열릴 것이니

So I say to you, Ask, and it will be given you; search, and you will find; knock, and the door will be opened for you.

좋은 글

하나님이 보고 싶어 애를 쓰고 하나님의 音聲을 듣고 싶어 속을 태우는 것을 주님은 아십니까?

Did you know that God wants to see scrambling want to hear the voice of God in the burning of the Lord?

麻姑搔痒

삼 마 시어머니 고 긁을 소 가려울 양

일이 뜻대로 잘 되다.

Things will go as well.

성경 말씀

수 1:7 오직 너는 마음을 强하게 하고 極히 膽大히 하여 나의 종 모세가 네게 命令한 律法을 다 지켜 行하고 左로나 右로나 치우치지 말라 그리하면 어디로 가든지 亨通하리니.

Only be strong and very courageous; be careful to do according to all the law which Moses My servant commanded you; do not turn from it to the right or to the left, so that you may have success wherever you go.

요삼 1:2 사랑하는 者여 네 靈魂이 잘 됨같이 네가 凡事에 잘 되고 强健하기를 내가 懇求하노라.

Beloved, I pray that in all respects you may prosper and be in good health, just as your soul prospers.

좋은 글

하나님께 가까이 가면 萬事亨通을 이룬다.

Go near to God all things are well.

磨斧爲針

갈 마 도끼 부 할 위 바늘 침

도끼를 갈아 바늘을 만들다.

Ax to grind make the needle.

성경 말씀

고전 15:58 그러므로 내 사랑하는 兄弟들아 堅實하며 흔들리지 말며 恒常 主의 일에 더욱 힘쓰는 자들이 되라 이는 너희 수고가 主 안에서 헛되지 않은 줄을 앎이라

Therefore, my beloved, be steadfast, immovable, always excelling in the work of the Lord, because you know that in the Lord your labor is not in vain.

딤전 4:7-8 妄靈되고 虛誕한 神話를 버리고 敬虔에 이르도록 네 自身을 鍊鍛하라 肉體의 鍊鍛은 若干의 有益이 있으나 敬虔은 凡事에 有益하니 今生과 來生에 約束이 있느니라

Have nothing to do with worldly fables fit only for old women On the other hand, discipline yourself for the purpose of godliness; for bodily discipline is only of little profit, but godliness is profitable for all things, since it holds promise for the present life and also for the life to come.

좋은 글

忍耐와 努力이 合쳐지면 못 할 것이 없다.

Ground can not be combined with patience and effort, not

麻中之蓬

삼 **마** 가운데 **중** 갈 **지** 쑥 **봉**

착한 사람과 사귀면 그 感化를 받아 自然히 善良한 사람이 된다.
Bear with a nice friendly people and the influence of those who are naturally good people.

성경 말씀

잠 27:10 네 親舊와 네 아비의 親舊를 버리지 말며 네 患難날에 兄弟의 집에 들어가지 말지어다 가까운 이웃이 먼 兄弟보다 나으니라.
Do not forsake your own friend or your father's friend, And do not go to your brother's house in the day of your calamity; Better is a neighbor who is near than a brother far away.

요 15:13 사람이 親舊를 爲하여 자기 목숨을 버리면 이보다 더 큰 사랑이 없나니.
"Greater love has no one than this, that one lay down his life for his friends.

좋은 글

類類相從. 좋은 親舊를 사귀기 爲하여 먼저 내가 좋은 親舊가 되자.
Birds of a feather. Good to make friends first, I became good friends.

萬古不變

일만 **만** 옛 **고** 아니 **불** 변할 **변**

오랜 세월을 두고 變하지 아니함.

Shall leave unchanged for many years.

성경 말씀

말 3:6 나 여호와는 變하지 아니하나니 그러므로 야곱의 子孫들아 너희가 消滅되지 아니하느니라

For I the LORD do not change; therefore you, O children of Jacob, have not perished.

요일 4:9 하나님의 사랑이 우리에게 이렇게 나타난 바 되었으니 하나님이 자기의 獨生子를 世上에 보내심은 그로 말미암아 우리를 살리려 하심이라

the love of God was manifested in us, that God has sent His only begotten Son into the world so that we might live through Him.

좋은 글

變치 않는 하나님의 사랑을 입은 者들은 하나님을 向한 믿음과 感謝의 마음도 變치 않아야 한다.

Should be constant in the unchanging love of God, their faith and gratitude to God.

萬事休矣

일만 만 일 사 그칠 휴 어조사 이

아무리 노력해도 도무지 可望이 없다.

No idea what it can be hopeless to write.

성경 말씀

창 27:4 나의 즐기는 별미를 만들어 내게로 가져다가 먹게 하여 나로 죽기 前에 내 마음껏 네게 祝福하게 하라

Then prepare for me savory food, such as I like, and bring it to me to eat, so that I may bless you before I die.

막 14:30 예수께서 이르시되 내가 眞實로 네게 이르노니 오늘 이 밤 닭이 두 번 울기 전에 네가 세 번 나를 否認하리라

Jesus said to him, "Truly I say to you, that this very night, before a rooster crows twice, you yourself will deny Me three times."

좋은 글

모든 일에는 機會가 있다. 너무 늦기 前에 試圖해야 한다.

Every day there is a chance should try before it's too late.

萬世無疆

일만 만 인간 세 없을 무 굳셀 강

오랜 歲月에 걸쳐 끝이 없음이라는 말로 아무런 탈 없이 아주 오래 산다는 意味이다(壽考無疆, 無病長壽).

Through the years, that words have no end means to live a long time without any of riding. (Healthy and live longer.)

성경 말씀

출 15:26 이르시되 너희가 너희 하나님 나 여호와의 말을 順從하고 내가 보기에 義를 行하며 내 誡命에 귀를 기울이며 내 모든 規例를 지키면 내가 애굽 사람에게 내린 모든 疾病 중 하나도 너희에게 내리지 아니하리니 나는 너희를 治療하는 여호와임이니라

And He said, "If you will give earnest heed to the voice of the LORD your God, and do what is right in His sight, and give ear to His commandments, and keep all His statutes, I will put none of the diseases on you which I have put on the Egyptians; for I, the LORD, am your healer."

약 5:15 믿음의 祈禱는 病든 者를 救援하리니 主께서 그를 일으키시리라 혹시 罪를 犯하였을지라도 謝하심을 받으리라

The prayer offered in faith will restore the one who is sick, and the Lord will raise him up, and if he has committed sins, they will be forgiven him.

좋은 글

萬壽無疆은 하나님의 뜻에 따라 사는 사람에게 주시는 하나님의 恩寵이다.

Healthy and long life without disease is to live according to the will of God, who is God's grace.

萬全之策

일만 만 온전할 전 갈 지 꾀 책

狀況에 맞는 安全한 計策.

Context sensitive ploy.

성경 말씀

암 4:12 그러므로 이스라엘아 내가 이와 같이 네게 行하리라 내가 이것을 네게 行하리니 이스라엘아 네 하나님 만나기를 豫備하라Therefore thus I will do to you, O Israel; because I will do this to you, prepare to meet your God, O Israel!

마 24:44 이러므로 너희도 準備하고 있으라 생각하지 않은 때에 人子가 오리라(Therefore you also must be ready, for the Son of Man is coming at an unexpected hour.)

좋은 글

智慧로운 사람은 그때를 準備하는 사람이다.

A wise person is the one who is ready when the last.

命世之才

목숨 **명** 대 **세** 갈 **지** 재주 **재**

한 時代를 바로잡아 救援할 만한 人才(맹자).

One generation might straighten salvation talent.

성경 말씀

신 28:1 네가 네 하나님 여호와의 말씀을 삼가 듣고 내가 오늘날 네게 命令하는 그 모든 命令을 지켜 行하면 네 하나님 여호와께서 너를 世界 모든 民族 위에 뛰어나게 하실 것이라

If you fully obey the LORD your God and carefully follow all his commands I give you today, the LORD your God will set you high above all the nations on earth.

딤후 2:15 너는 眞理의 말씀을 옳게 分別하며 부끄러울 것이 없는 일꾼으로 認定된 者로 自身을 하나님 앞에 드리기를 힘쓰라

Do your best to present yourself to God as one approved by him, a worker who has no need to be ashamed, rightly explaining the word of truth.

좋은 글

人才는 하늘이 낸다.

God produces talent.

名實相符

이름 **명** 사실 **실** 서로 **상** 들어맞을 **부**

이름과 實相이 서로 꼭 맞음.

Fit between name and reality.

성경말씀

렘 5:2 그들이 여호와의 사심으로 맹세할지라도 實像은 거짓 맹세니라

Although they say, "As the LORD lives," yet they swear falsely.

계 2:9 내가 네 患難과 窮乏을 알거니와 實狀은 네가 富饒한 者니라 自稱 유대人이라 하는 者들의 誹謗도 알거니와 實像은 유대人이 아니요 사탄의 會黨이라

"I know your affliction and your poverty, even though you are rich. I know the slander on the part of those who say that they are Jews and are not, but are a synagogue of Satan.

좋은글

名聲만큼이나 內實도 있어야 한다(이름과 內容이 符合되어야 한다).

Must also have a reputation as the boudoir.

無障無礙

없을 **무** 가로막을 **장** 없을 **무** 거리낄 **애**

아무런 障礙나 거리낌이 없음.
No disability or a second thought no.

선견 말씀

시 27:1 여호와는 나의 빛이요 나의 救援이시니 내가 누구를 두려워하리요 여호와는 내 生命의 能力이시니 내가 누구를 무서워하리요
The LORD is my light and my salvation; whom shall I fear? The LORD is the stronghold of my life; of whom shall I be afraid?

마 6:33 너희는 먼저 그의 나라와 그의 義를 救하라 그리하면 이 모든 것을 너희에게 더하시리라
But strive first for the kingdom of God and his righteousness, and all these things will be given to you as well.

좋은 글

하나님은 障碍物을 除去하시고 亨通케 하신다.
God and remove the obstacles to prosper says.

바

拍掌大笑

칠 **박** 손바닥 **장** 큰 **대** 웃을 **소**

손뼉을 치면서 한바탕 크게 웃음.

Clapped hustle and laughter.

성경 말씀

신 26:11 네 하나님 여호와께서 너와 네 집에 주신 모든 福을 因하여 너는 레위인과 너의 중에 寓居하는 客과 함께 즐거워할지니라

You and the levite and the alien who is among you shall rejoice in all the good which the LORD your God has given you and your household.

시 64:10 義人은 여호와를 因하여 즐거워하며 그에게 避하리니 마음이 正直한 자는 다 자랑하리로다

Let the righteous rejoice in the LORD and take refuge in him. Let all the upright in heart glory.

합 3:18 나는 여호와를 말미암아 즐거워하며 나의 救援의 하나님을 말미암아 기뻐하리로다

yet I will rejoice in the LORD; I will exult in the God of my salvation.

좋은 글

짧은 人生 멋지게 한바탕 웃고 하나님 앞으로 나아가게 만들어 주세요.

Short life, the hustle and smiling nicely and make me go to God.

反哺之孝

되돌릴 **반** 먹일 **포** 갈 **지** 효도 **효**

자식이 자라서 어버이 은혜에 보답하다.

My parents grew up as a child of grace in return.

성경 말씀

출 20:12 네 父母를 恭敬하라 그리하면 네 하나님 여호와가 네게 준 땅에서 네 生命이 길리라

Honor your father and your mother, so that your days may be long in the land that the LORD your God is giving you.

엡 6:1 子女들아 主 안에서 너희 父母에게 順從하라 이것이 옳으니라

Children, obey your parents in the Lord, for this is right.

좋은 글

父母에 對한 나의 孝行을 내 子息이 배워 그대로 나에게 하게 된다.

Filial to my parents for my child to learn as it is to me.

發憤忘食

쏠 **발** 성낼 **분** 잊을 **망** 밥 **식**

일에 熱中하여 밥 먹는 일도 잊음.

Eating keen on forgetting things.

성경 말씀

사 9:7 그 政事와 平康의 더함이 無窮하며 또 다윗의 王座와 그의 나라를 굳게 세우고 지금 以後로 永遠히 正義와 公義로 그것을 保存하실 것이라 萬軍의 여호와의 熱心이 이를 이루시리라

There will be no end to the increase of His government or of peace, On the throne of David and over his kingdom, To establish it and to uphold it with justice and righteousness From then on and forevermore The zeal of the LORD of hosts will accomplish this.

롬 12:11 부지런하여 게으르지 말고 熱心을 품고 主를 섬기라

Do not lag in zeal, be ardent in spirit, serve the Lord.

좋은 글

한 가지에 集中하다 보면 반드시 좋은 結果를 얻을 수 있다.

Look is focused on one thing, not necessarily a good result can be obtained.

傍若無人

결 **방** 같을 **약** 없을 **무** 사람 **인**

언행을 제멋대로 하는 사람.

Words and actions to those who run wild.

성경 말씀

전 5:2 너는 하나님 앞에서 함부로 입을 열지 말며 急한 마음으로 말을 하지 말라 하나님은 하늘에 계시고 너는 땅에 있음이니라 그런즉 마땅히 말을 적게 할 것이라

Do not be quick with your mouth, do not be hasty in your heart to utter anything before God. God is in heaven and you are on earth, so let your words be few.

벧전 3:10 그러므로 生命을 사랑하고 좋은 날 보기를 願하는 자는 혀를 禁하여 惡한 말을 그치며 그 입술로 거짓을 말하지 말고

For, "Whoever would love life and see good days must keep his tongue from evil and his lips from deceitful speech.

좋은 글

생각은 말을 낳고, 말은 행동을 낳는다. 아름다운 생각으로 좋은 말과 行動의 열매를 맺자.

I think the father of the language, the language of action lays. I think of the beautiful fruit of good words and deeds Let's get.

背水之陣

등 **배** 물 **수** 갈 **지** 진칠 **진**

필승을 기하여 목숨을 걸고 싸움

Risking their lives to fight trying to get a victory.

성경 말씀

렘 5:1 너희는 예루살렘 거리로 빨리 다니며 그 넓은 거리에서 찾아보고 알라 너희가 萬一 正義를 行하며 眞理를 求하는 者를 한 사람이라도 찾으면 내가 이 城邑을 容恕하리라

Run to and fro through the streets of Jerusalem, And look now and take note And seek in her open squares, If you can find a man, If there is one who does justice, who seeks truth, Then I will pardon Jerusalem.

요삼 1:8 그러므로 우리가 이같은 者들을 迎接하는 것이 마땅하니 이는 우리로 眞理를 爲하여 함께 일하는 者가 되게 하려 함이라

Therefore we ought to support such people, so that we may become workers with the truth.

좋은 글

眞理를 지키는 것은 나의 生命과 自由를 지키는 것이다.

Keeping true to my life and freedom will keep.

白骨難忘

흰 **백** 뼈 **골** 어려울 **난** 잊을 **망**

죽어 白骨이 된다 하여도 恩惠를 잊을 수 없음.

Dying disgusting things is not to forget the grace.

성경 말씀

시 84:11 여호와 하나님은 해요 防牌시라 여호와께서 恩惠와 榮華를 주시며 正直히 行하는 者에게 좋은 것을 아끼지 아니하실 것임이니이다

For the LORD God is a sun and shield; The LORD gives grace and glory; No good thing does He withhold from those who walk uprightly.

롬 3:24 그리스도 예수 안에 있는 속량으로 말미암아 하나님의 恩惠로 값없이 義롭다 하심을 얻은 者 되었느니라

they are now justified by his grace as a gift, through the redemption that is in Christ Jesus.

좋은 글

하나님의 恩惠를 말하기에 바다가 너무 좁고, 하늘이 너무 낮다.

Analogy to the grace of God, the sea is too narrow, the sky is too low.

百聞不如一見

일백 **백** 들을 **문** 아니 **불** 같을 **여** 한 **일** 볼 **견**

백 번 듣는 것보다 한 번 직접 보는 것이 낫다.

To see once than hear a hundred times better.

성경 말씀

약 2:26 靈魂 없는 몸이 죽은 것같이 行함이 없는 믿음은 죽은 것이니라

For just as the body without the spirit is dead, so faith without works is also dead.

요일 3:8 罪를 짓는 者는 魔鬼에게 屬하나니 魔鬼는 처음부터 犯罪함이라 하나님의 아들이 나타나신 것은 魔鬼의 일을 滅하려 하심이라

The one who practices sin is of the devil; for the devil has sinned from the beginning The Son of God appeared for this purpose, to destroy the works of the devil.

좋은 글

말과 行爲는 銅錢의 兩面과 같아야 한다.

Words and acts must be equal to the two sides of the same coin.

伯牙絶鉉

맏 **백** 어금니 **아** 끊을 **절** 악기줄 **현**

마음속 깊이 이해해 주는 친구.

A friend in my heart to understand.

성경 말씀

잠 17:17 親舊는 사랑이 끊이지 아니하고 兄弟는 危急한 때까지 爲하여 났느니라

A friend loves at all times, and a brother is born for adversity.

요 15:14 너희는 내가 命하는 대로 行하면 곧 나의 親舊라

You are my friends if you do what I command you.

좋은 글

世上에 眞正한 親舊 한 명만 있어도 외롭지 않다.

The world, even if only one person alone is not a true friend.

百折不屈

일백 **백** 꺾을 **절** 아니 **불** 굽힐 **굴**

굳세게 견디어서 조금도 굽히지 않음(백 번 꺾여도 屈하지 아니함).
Strengthen withstand the slightest bend.

성경 말씀

신 4:4 오직 너희의 하나님 여호와께 붙어 떠나지 않은 너희는 오늘까지 다 生存하였느니라
while those of you who held fast to the LORD your God are all alive today.

마 16:25 누구든지 제 목숨을 救援하고자 하면 잃을 것이요 누구든지 나를 爲하여 제 목숨을 잃으면 찾으리라
For whoever wishes to save his life will lose it; but whoever loses his life for My sake will find it.

좋은 글

意志를 굳게 세워 挫折한 狀況을 反轉시켜라.
Attend a firm commitment to reverse the situation of frustration built.

兵家常事

군사 병 집 가 항상 상 일 사

戰爭에서 이기고 지는 일은 흔히 있는 일이다.

Winning and losing in the war thing is pretty common.

성경 말씀

시 119:33 여호와여 主의 律例의 道를 내게 가르치소서 내가 끝까지 지키리이다

Teach me, O LORD, the way of your statutes, and I will observe it to the end.

갈 6:9 우리가 善을 行하되 落心하지 말지니 抛棄하지 아니하면 때가 이르매 거두리라

Let us not become weary in doing good, for at the proper time we will reap a harvest if we do not give up.

좋은 글

失敗는 成功의 어머니라는 말이 있듯이 한 번의 失敗에 絕望하지 않아야 한다.

Should not despair fails, the word is the mother of success, as a single failure.

福과 詛呪

복 복 저주 할 저 빌 주

Blessing and curse.

성경 말씀

신 11:26 내가 오늘날 福과 詛呪를 너희 앞에 두나니
"Behold, I set before you today a blessing and a curse:

신 11:29 네 하나님 여호와께서 네가 가서 얻을 땅으로 너를 引導하여 들이실 때에 너는 그리심山에서 祝福을 宣布하고 에발山에서 詛呪를 宣布하라
When the LORD your God has brought you into the land that you are entering to occupy, you shall set the blessing on Mount Gerizim and the curse on Mount Ebal.

약 2:14 내 兄弟들아 만일 사람이 믿음이 있노라 하고 行함이 없으면 무슨 有益이 있으리요 그 믿음이 能히 자기를 救援하겠느냐
What good is it, my brothers and sisters, if you say you have faith but do not have works? Can faith save you?

좋은 글

福과 詛呪의 길 中에 너는 어느 길로 갈 것이냐
스스로 選擇하면 스스로 責任져야 한다.
During the blessing and curse of the road Would you which way to go. Self-select themselves should be held accountable.

福過災生

복 **복** 지날 **과** 재앙 **재** 날 **생**

복이 너무 지나치면 도리어 재앙이 찾아온다.
Blessed is rather too much of a disaster occurs.

성경 말씀

시 106:14 曠野에서 慾心을 크게 發하며 沙漠에서 하나님을 試驗하였도다
But they had a wanton craving in the wilderness, and put God to the test in the desert.

막 4:19 世上의 念慮와 財物의 誘惑과 기타 慾心이 들어와 말씀을 막아 結實하지 못하게 되는 者요
But the worries of the world, and the deceitfulness of riches, and the desires for other things enter in and choke the word, and it becomes unfruitful.

좋은 글

많은 복을 받아 누리면서 더 욕심을 내면 받은 복이 나쁜 결과를 가져오는 요인이 될 수 있다.
While many enjoy the blessings received more blessings inner desires to get a bad result can be a factor.

覆水不收

뒤집힐 **복** 물 **수** 아니 **불** 거둘 **수**

엎질러진 물은 다시 담지 못한다.
Spilled, the water can be retrieved.

성경 말씀

마 13:44 天國은 마치 밭에 감추어 놓은 寶貨와 같으니 사람이 이를 發見한 後 숨겨 두고 기뻐하며 돌아가서 自己의 所有를 다 팔아 그 밭을 사느니라
The kingdom of heaven is like a treasure hidden in the field, which a man found and hid again; and from joy over it he goes and sells all that he has and buys that field.

빌 2:12 그러므로 나의 사랑하는 者들아 너희가 나 있을 때뿐 아니라 더욱 지금 나 없을 때에도 恒常 服從하여 두렵고 떨림으로 너희 救援을 이루라
Therefore, my beloved, just as you have always obeyed me, not only in my presence, but much more now in my absence, work out your own salvation with fear and trembling.

좋은 글

貴重한 것은 操心하여 잘 간직해야 한다.
Must be careful and keep this precious thing.

本末顚倒

근본 본 끝 말 뒤집힐 전 넘어질 도

일이 처음과 나중이 뒤바뀜.

Things to do in the first and later reversed.

성경 말씀

시 111:10 여호와를 敬畏함이 곧 智慧의 根本이라 그 誡命을 지키는 자는 다 좋은 知覺이 있나니 여호와를 讚頌함이 永遠히 있으리로다

The fear of the LORD is the beginning of wisdom; A good understanding have all those who do His commandments; His praise endures forever.

마 22:37 예수께서 이르시되 네 마음을 다하고 목숨을 다하고 뜻을 다하여 주 너의 하나님을 사랑하라 하셨으니

He said to him, "'You shall love the Lord your God with all your heart, and with all your soul, and with all your mind.'

좋은 글

主客顚倒, 本質을 잃어버리고 껍데기나 사소한 部分에만 사로잡히는 것은 人生을 浪費하는 것이다.

Obsessed with losing the essence husks or only a minor part is a waste of life.

精神이 散漫하면 本來 目的을 喪失하고 사소한 일에 時間을 浪費하는 人生을 살게 된다.

Diffuse loss of the spirit of the original purpose of wasting time on trivial things in life is to live.

富貴在天

부자 **부** 귀할 **귀** 있을 **재** 하늘 **천**

富裕하고 貴하게 사는 것은 하늘의 뜻에 달려 있다.

Depends on the will of heaven to live rich and ears.

성경 말씀

잠 10:22 여호와께서 福을 주시므로 사람으로 富하게 하시고 근심을 兼하여 주지 아니하시느니라

The blessing of the LORD makes rich, and he adds no sorrow with it.

고후 3:5 우리가 무슨 일이든지 우리에게서 난 것같이 스스로 滿足할 것이 아니니 우리의 滿足은 오직 하나님께로부터 나느니라

Not that we are sufficient of ourselves to think any thing as of ourselves; but our sufficiency is of God.

좋은 글

生老病死, 富貴榮華가 主權者이신 하나님의 손에 달려 있다.

Rich and precious Human Life and rests in the hands of the sovereign God.

粉骨碎身

가루 **분** 뼈 **골** 부술 **쇄** 몸 **신**

뼈는 가루가 되고 몸은 산산조각이 되도록 있는 힘을 다해 努力함. 또는 남을 위하여 수고를 아끼지 않음.

Bone powder, and body, be shattered in heartache and effort. For others, such painstaking.

성경 말씀

막 8:35 누구든지 自己 목숨을 救援하고자 하면 잃을 것이요 누구든지 나와 福音을 위하여 自己 목숨을 잃으면 救援하리라.

For whoever wishes to save his life will lose it, but whoever loses his life for My sake and the gospel's will save it.

요일 3:16 그가 우리를 위하여 목숨을 버리셨으니 우리가 이로써 사랑을 알고 우리도 兄弟들을 위하여 목숨을 버리는 것이 마땅하니라

We know love by this, that he laid down his life for us and we ought to lay down our lives for one another.

좋은 글

개에게 물렸는데 그 개를 잡아 물어본들 무슨 所用이 있으랴 때로는 犧牲은 작은 讓步이다.

Shall hold the dog to the dog bitten ask what good is sometimes sacrifice a little yield.

不搖不屈

아니 **불** 흔들릴 **요** 아니 **불** 굽을 **굴**

흔들리지 않고 굽히지 않는다.
Bend but do not shake.

성경 말씀

사 54:10 山들은 떠나며 언덕들은 옮겨질지라도 나의 慈悲는 네게서 떠나지 아니하며 나의 和平의 言約은 흔들리지 아니하리라 너를 矜恤히 여기시는 여호와께서 말씀하셨느니라.
For the mountains may be removed and the hills may shake, but my lovingkindness will not be removed from you, and my covenant of peace will not be shaken," says the lord who has compassion on you.

고전 15:58 그러므로 내 사랑하는 兄弟들아 堅實하며 흔들리지 말며 恒常 主의 일에 더욱 힘쓰는 者들이 되라 이는 너희 수고가 主 안에서 헛되지 않은 줄을 앎이라.
Therefore, my beloved brethren, be steadfast, immovable, always abounding in the work of the Lord, knowing that your toil is not in vain in the Lord.

좋은 글

선비들은 송죽지절(松竹之節 : 소나무같이 꿋꿋하고 대나무같이 곧은 절개), 설중송백(雪中松柏 : 눈 속의 소나무와 잣나무라는 뜻으로, 높고 굳은 절개)처럼 살았다.
As scholars have straight cut bamboo and pine are you stay strong, stay together, which means in the snow with pine and cypress, pine and worshiped the words high incision was firm.

不撤晝夜

아니 불 거둘 철 낮 주 밤 야

밤낮을 가리지 않는다. 조금도 쉴 사이 없이 일에 힘쓴다.
Not night and day. One to strive relentlessly at all.

성경 말씀

사 37:32 이는 남은 者가 예루살렘에서 나오며 避하는 者가 시온山에서 나올 것임이라 萬軍의 여호와의 熱心이 이를 이루시리이다.
For out of Jerusalem will go forth a remnant and out of Mount Zion survivors The zeal of the lord of hosts will perform this.

계 3:19 무릇 내가 사랑하는 者를 責望하여 懲戒하노니 그러므로 네가 熱心을 내라 悔改하라.
'Those whom I love, I reprove and discipline; therefore be zealous and repent.

좋은 글

밤낮 없이 힘쓰고 努力하면 반드시 꿈을 이룰 수 있다.
If you work hard day and night trying to make sure to be a dream.
不撤晝夜 일하다.
work night and day
不撤晝夜 硏究에 沒頭하다.
immerse oneself in one's study(day and night).

朋友責善

벗 **붕** 벗 **우** 꾸짖을 **책** 착할 **선**

親舊 間에는 서로 좋은 일을 하도록 꾸짖어야 한다.

Between a good job to lecture to a friend.

성경 말씀

잠 27:9 기름과 香이 사람의 마음을 즐겁게 하나니 親舊의 忠誠된 勸告가 이와 같이 아름다우니라

Perfume and incense make the heart glad, but the soul is torn by trouble.

히 13:22 兄弟들아 내가 너희를 勸하노니 勸勉의 말을 容納하라 내가 간단히 너희에게 썼느니라

But I urge you, brethren, bear with this word of exhortation, for I have written to you briefly.

좋은 글

좋은 벗은 듣기 싫어하는 忠告도 便하게 받아들일 수 있어야 한다.

Good naked listening dislike advice, it should be able to.

貧而無怨

가난할 빈 어조사 이 없을 무 원망할 원

가난하게 살면서도 남을 원망하지 않는다.
While others do not blame the poor.

성경 말씀

레 19:18 怨讐를 갚지 말며 同胞를 怨望하지 말며 이웃 사랑하기를 네 몸과 같이 하라 나는 여호와니라
You shall not take vengeance, nor bear any grudge against the sons of your people, but you shall love your neighbor as yourself; I am the LORD.

약 5:9 兄弟들아 서로 怨望하지 말라 그리하여야 審判을 免하리라 보라 審判主가 문 밖에 서 계시니라
Beloved, do not grumble against one another, so that you may not be judged. See, the Judge is standing at the doors!

좋은 글

잘 되면 내 탓 잘못되면 남 탓이라는 말처럼 인생에 장애물이 생기면 그 원인을 남에게 돌리려는 것은 자신의 인생에 도움을 주지 못한다.
When I say I like because life goes wrong, blame the man obstacle occurs: Get others to the cause that turns your own life does not help.

貧賤之交

가난할 빈 천할 천 갈 지 사귈 교

가난하고 어려웠던 시절에 사귄 친구.

Made friends in a poor and difficult childhood.

성경 말씀

잠 17:17 친구는 사랑이 끊이지 아니하고 형제는 위급한 때를 위하여 났느니라

A friend loves at all times, And a brother is born for adversity.

요 15:13 사람이 친구를 위하여 자기 목숨을 버리면 이보다 더 큰 사랑이 없나니

Greater love has no one than this, that one lay down his life for his friends.

좋은 글

가난하게 되면 모든 친구들이 다 떠나지만 진정한 친구는 끝까지 그 곁을 지켜 준다.

Poverty when all my friends are leaving, but a true friend to the end, that gives me watching.

捨短取長

버릴 **사** 짧을 **단** 취할 **취** 긴 **장**

短點은 버리고 長點을 취한다.

Abandoned disadvantage takes advantage.

성경 말씀

시 103:5 좋은 것으로 네 所願을 滿足케 하사 네 靑春으로 독수리같이 새롭게 하시는도다

who satisfies you with good as long as you live so that your youth is renewed like the eagle's.

롬 12:2 너희는 이 世代를 本받지 말고 오직 마음을 새롭게 함으로 變化를 받아 하나님의 善하시고 기뻐하시고 穩全하신 뜻이 무엇인지 分別하도록 하라

Do not be conformed to this generation, but be transformed by the renewing of your mind, so that you may prove what the will of God is, that which is good and acceptable and perfect.

좋은 글

자신의 나쁜 점은 果敢히 버리고 좋은 점은 發展시키는 것이 成功的인 人生을 사는 지름길이다.

To live a successful life is a shortcut to developing a good thing, then step forward and abandon their bad points.

砂上樓閣

모래 **사** 윗 **상** 다락 **누** 집 **각**

모래 위에 지은 집이라는 뜻으로 基礎가 弱하여 오래가지 못하는 것을 말한다.

Built on a foundation of sand, which means the house is not weak to say that long.

성경 말씀

왕상 5:17 이에 王이 命令을 내려 크고 貴한 돌을 떠다가 다듬어서 聖殿의 基礎石으로 놓게 하매

At the king's command, they quarried out great, costly stones in order to lay the foundation of the house with dressed stones.

마 7:26 나의 이 말을 듣고 行하지 아니하는 者는 그 집을 모래 위에 지은 어리석은 사람 같으리니

And everyone who hears these words of mine and does not act on them will be like a foolish man who built his house on sand.

좋은 글

모든 집은 基礎부터 닦는다. 重要한 것은 建築도 · 일도 · 工夫도 基礎가 가장 튼튼해야 한다는 것이다.

Wipe all the house from the ground up. Construction is also important, thing, studies should also be based on the most robust.

死生決斷

죽을 사 날 생 터질 결 끊을 단

죽음을 무릅쓰고 끝장을 보려고 함.
Regardless what you want to live or die is screwed.

성경 말씀

에 4:16 당신은 가서 수산에 있는 유내人을 다 모으고 나를 위하여 禁食하되 밤낮 삼 일을 먹지도 말고 마시지도 마소서 나도 나의 侍女로 더불어 이렇게 禁食한 後에 規例를 어기고 王에게 나아가리니 죽으면 죽으리이다
Go, assemble all the Jews who are found in Susa, and fast for me; do not eat or drink for three days, night or day. I and my maidens also will fast in the same way. And thus I will go in to the king, which is not according to the law; and if I perish, I perish."

마 16:25 누구든지 제 목숨을 救援하고자 하면 잃을 것이요 누구든지 나를 위하여 제 목숨을 잃으면 찾으리라
For those who want to save their life will lose it, and those who lose their life for my sake will find it.

좋은 글

貴한 것을 얻으려면 지금 손에 쥐고 있는 것을 놓아야 한다.
To obtain valuable now that his hand should be placed.

死生有命

죽을 **사** 날 **생** 있을 **유** 목숨 **명**

사람이 살고 죽는 것은 하늘의 뜻에 달려 있다.

People would live or die depends on the will of heaven.

성경 말씀

스 8:22 이는 우리가 前에 王에게 告하기를 우리 하나님의 손은 自己를 찾는 모든 者에게 善을 베푸시고 自己를 背叛하는 모든 者에게는 權能과 震怒를 베푸신다 하였으므로 길에서 敵軍을 막고 우리를 도울 步兵과 마병을 王에게 求하기를 부끄러워하였음이라

For I was ashamed to request from the king troops and horsemen to protect us from the enemy on the way, because we had said to the king, "The hand of our God is favorably disposed to all those who seek Him, but His power and His anger are against all those who forsake Him."

행 26:22 하나님의 도우심을 받아 내가 오늘까지 서서 높고 낮은 사람 앞에서 證言하는 것은 先知者들과 모세가 반드시 되리라고 말한 것 밖에 없으니

"Having obtained help from God, I stand to this day testifying both to small and great, stating nothing but what the Prophets and Moses said was going to take place.

좋은 글

모든 人間의 生老病死, 禍와 福은 하나님의 손에 달려 있다.

Human Life of every human being suffering as a blessing rests in the hands of God.

事親以孝

일 사 어버이 친 써 이 효도 효

孝道로써 어버이를 섬긴다.

To serve as a dutiful parent.

성경 말씀

신 5:16 너는 네 하나님 여호와께서 命令한 대로 네 父母를 恭敬하라 그리하면 네 하나님 여호와가 네게 준 땅에서 네가 生命이 길고 福을 누리리라

Honor your father and your mother, as the LORD your God commanded you, so that your days may be long and that it may go well with you in the land that the LORD your God is giving you.

마 19:19 네 父母를 恭敬하라, 네 이웃을 네 自身과 같이 사랑하라 하신 것이니라

honor your father and mother,' and 'love your neighbor as yourself.

좋은 글

어버이를 사랑하는 것은 하나님의 恩惠를 아는 마음이다.

Parental love is to know the mind of God's grace.

事必歸正

일 사 반드시 필 돌아갈 귀 바를 정

모든 일은 반드시 바르게 돌아간다.
The whole thing goes back correctly.

성경 말씀

출 34:7 人子를 千 代까지 베풀며 惡과 過失과 罪를 容恕하리라 그러나 벌을 免除하지는 아니하고 아버지의 惡行을 子孫 三四 代까지 報應하리라
maintaining love to thousands, and forgiving wickedness, rebellion and sin. Yet he does not leave the guilty unpunished; he punishes the children and their children for the sin of the fathers to the third and fourth generation."

히 9:27 한 번 죽는 것은 사람에게 定해진 것이요 그 후에는 審判이 있으리니
Just as man is destined to die once, and after that to face judgment.

좋은 글

모든 일에는 結果가 있고 責任이 따른다.
좋은 結果를 얻기 위해 責任意識을 가지고 일하는 것이 必要하다.
All the results and can be held responsible.
It is necessary to work with a sense of responsibility to achieve good results.

殺身成仁

죽을 **살** 몸 **신** 이룰 **성** 어질 **인**

자기 몸을 죽여서 어진 것을 이루는 것. 옳은 일을 위해 목숨을 버림.
Giving His life for the right thing.

성경 말씀

창 22:2 여호와께서 이르시되 네 아들 네 사랑하는 독자 이삭을 데리고 모리아 땅으로 가서 내가 네게 지시하는 한 산 거기서 그를 번제로 드리라
He said, "Take now your son, your only son, whom you love, Isaac, and go to the land of Moriah, and offer him there as a burnt offering on one of the mountains of which I will tell you."

마 20:28 인자가 온 것은 섬김을 받으려 함이 아니라 도리어 섬기려 하고 自己 목숨을 많은 사람의 代贖物로 주려 함이니라
just as the Son of Man came not to be served but to serve, and to give his life a ransom for many."

좋은 글

十字架를 通해 알 수 있듯이 大義(하나님의 뜻)를 위한 犧牲이라면 목숨도 아깝지 않다.
As you can see, through the cross, the sacrifice for the cause of its life, is worth every penny.

桑田碧海

뽕나무 **상** 밭 **전** 푸를 **벽** 바다 **해**

뽕나무밭이 變하여 바다가 된다. 세상일이 變遷이 심함.
Mulberry field change and sea

성경 말씀

삼상 10:6 네게는 여호와의 靈이 크게 臨하리니 너도 그들과 함께 豫言을 하고 變하여 새 사람이 되리라
Then the Spirit of the LORD will come upon you mightily, and you shall prophesy with them and be changed into another man.

롬 12:2 너희는 이 世代를 本받지 말고 오직 마음을 새롭게 함으로 變化를 받아 하나님의 善하시고 기뻐하시고 온전하신 뜻이 무엇인지 分別하도록 하라
Do not be conformed to this generation, but be transformed by the renewing of your minds, so that you may discern what is the will of God what is good and acceptable and perfect.

좋은 글

桑田碧海의 奇蹟으로 2013년 勝利하게 하소서.
The miracle of the big changes to the 2013 victory may.

上通下達

윗 **상** 통할 **통** 아래 **하** 통달할 **달**

天地萬物의 理致를 환히 通達함.

Mastery of light to make sense of the universe.

성경 말씀

잠 3:18 智慧는 그 얻은 者에게 生命 나무라 智慧를 가진 者는 福되도다

She is a tree of life to those who embrace her; those who lay hold of her will be blessed.

마 10:16 보라 내가 너희를 보냄이 羊을 이리 가운데로 보냄과 같도다 그러므로 너희는 뱀같이 智慧롭고 비둘기같이 純潔하라

"See, I am sending you out like sheep into the midst of wolves; so be wise as serpents and innocent as doves.

좋은 글

하늘과 땅의 理致를 깨닫는 智慧를 주소서.

Give wisdom to realize the principle of heaven and earth.

霜楓高節

서리 **상** 단풍 **풍** 높을 **고** 마디 **절**

고난을 당하여도 굴하지 않는 높은 절개.

Suffering does not yield a high incision troubled on.

성경 말씀

수 24:15 萬一 여호와를 섬기는 것이 너희에게 좋지 않게 보이거든 너희 祖上이 江 저쪽에서 섬기던 神이든지 또는 너희가 居住하는 땅에 있는 아모리 族屬의 神이든지 너희 섬길 者를 오늘 擇하라 오직 나와 내 집은 여호와를 섬기겠노라 하니

If it is disagreeable in your sight to serve the LORD, choose for yourselves today whom you will serve: whether the gods which your fathers served which were beyond the River, or the gods of the Amorites in whose land you are living; but as for me and my house, we will serve the LORD.

수 23:11 그러므로 스스로 操心하여 너희 하나님 여호와를 사랑하라.

Be very careful, therefore, to love the LORD your God.

좋은 글

나의 아버지 하나님을 향한 내 사랑에 잡티도 끼어드는 것을 허락할 수 없습니다.

My love for God, my father, too intrusive to the imperfections can not be allowed to.

塞翁之馬

변방 **새** 늙은이 **옹** 갈 **지** 말 **마**

人生의 吉凶禍福은 늘 바뀌어 變化가 많음을 이르는 말.
Good and bad things of life, anger and blessed is always changed, the change from the end of plenty.

성경 말씀

시 34:19 義人은 苦難이 많으나 여호와께서 그 모든 苦難에서 건지시는도다
Many are the afflictions of the righteous, But the LORD delivers him out of them all.

롬 8:18 생각하건대 現在의 苦難은 將次 우리에게 나타날 榮光과 比較할 수 없느니라
I consider that the sufferings of this present time are not worth comparing with the glory about to be revealed to us.

좋은 글

기쁜 일에 너무 크게 웃지 말고 슬픈 일에 너무 서럽게 울지 말라. 눈물 후에 웃음이 웃음 뒤에 슬픔이 오기도 하기 때문이다.
Happy to sad, do not laugh too loud, too sorrowful weep sadness behind the laughter tears behind the laughter coming.

生死禍福

날 **생** 죽을 **사** 재화 **화** 복 **복**

사는 것과 죽는 것, 禍를 當하거나 福을 받는 것.

Live as to die and meet disaster or blessing.

성경 말씀

신 30:19 내가 오늘날 天地를 불러서 너희에게 證據를 삼노라 내가 生命과 死亡과 福과 咀呪를 네 앞에 두었은즉 너와 네 子孫이 살기 위하여 生命을 擇하고

I call heaven and earth to witness against you today, that I have set before you life and death, the blessing and the curse. So choose life in order that you may live, you and your descendants.

전 2:24 사람이 먹고 마시며 수고하는 가운데서 心靈으로 樂을 누리게 하는 것보다 나은 것이 없나니 내가 이것도 본즉 하나님의 손에서 나는 것이로다

There is nothing better for a man than to eat and drink and tell himself that his labor is good This also I have seen that it is from the hand of God.

좋은 글

個人의 生死禍福은 하나님의 손에 달려 있다.

People to live, die and meet disaster or blessing that rests in the hands of God.

善始善終

착할 **선** 시작할 **시** 착할 **선** 마칠 **종**

처음부터 끝까지 잘 한다.

Is good from beginning to end.

성경 말씀

히 3:14 우리가 始作할 때에 確實한 것을 끝까지 堅固히 잡고 있으면 그리스도와 함께 參與한 者가 되리라

We have come to share in Christ if we hold firmly till the end the confidence we had at first.

계 1:8 主 하나님이 이르시되 나는 알파와 오메가라 이제도 있고 前에도 있었고 將次 올 者요 全能한 者라 하시더라

"I am the Alpha and the Omega," says the Lord God, "who is, and who was, and who is to come, the Almighty."

좋은 글

始作은 잘 할 수 있지만 끝까지 잘 하기란 어렵다.
그래서 初心을 잃지 않는 것이 重要하다.

Well start to the end, but can be well difficult.
So it is important that you do not lose the original intention

雪中松柏

눈 **설** 가운데 **중** 소나무 **송** 잣나무 **백**

눈 속의 소나무와 잣나무.

Pine and white pine in the snow.

성경 말씀

욥 16:20 나의 親舊는 나를 嘲弄하나 내 눈은 하나님을 向하여 눈물을 흘리고

My friends scorn me; my eye pours out tears to God.

고후 3:4 우리가 그리스도로 말미암아 하나님을 향하여 이같은 확신이 있으니

Such is the confidence that we have through Christ toward God.

좋은 글

信仰은 하나님을 向한 높고 굳은 節槪의 表現이다.

High and firm faith toward God is an expression of the incision.

聖潔誡命

성스러울 **성** 깨끗할 **결** 경계할 **계** 목숨 **명**

거룩함을 지켜라.

Keep holiness

성경말씀

레 11:45 나는 너희의 하나님이 되려고 너희를 애굽 땅에서 引導하여 낸 여호와라 내가 거룩하니 너희도 거룩할지어다

For I am the LORD who brought you up from the land of Egypt to be your God; thus you shall be holy, for I am holy.

출 20:6 나를 사랑하고 내 誡命을 지키는 者에게는 千 代까지 恩惠를 베푸느니라

but showing mercy to thousands, to those who love Me and keep My commandments.

좋은 글

聖潔한 靈魂에 하늘의 빛이 臨한다. 그 빛은 世上을 비추는 萬人의 希望이다.

Constructively, the light of heaven to the soul holy and clean. The light illuminate the world is the hope of all people.

歲寒三友

해 세 찰 한 석 삼 벗 우

추운 겨울에도 잘 견디어 함께 해를 넘기는 세 벗(소나무 · 매화 · 대나무).

Well tolerated even in cold winter together to pass off(pine, plum, bamboo).

성경 말씀

잠 19:17 가난한 者를 불쌍히 여기는 것은 여호와께 꾸이는 것이니 그 善行을 갚아 주시리라

Whoever is kind to the poor lends to the LORD, and will be repaid in full.

엡 4:28 도둑질하는 자는 다시 도둑질하지 말고 돌이켜 가난한 者에게 救濟할 수 있도록 自己 손으로 수고하여 善한 일을 하라

He who steals must steal no longer; but rather he must labor, performing with his own hands what is good, so that he will have something to share with one who has need.

좋은 글

人生의 겨울을 만난 사람에게 親舊가 되어 주자.
혹시 모를 내 人生의 겨울에도 親舊가 나타날 것이기 때문이다.

Give also became friend with those who met the winter of life.
Because you do not know my life in the winter of friends will appear.

笑彼我

웃을 소 저편 피 나 아

너와 내가 함께 웃다.

I laugh with you.

성경 말씀

창 21:6 사라가 이르되 하나님이 나로 웃게 하시니 듣는 者가 다 나와 함께 웃으리로다

Sarah said, "God has made laughter for me; everyone who hears will laugh with me"

습 3:17 너의 하나님 여호와가 너의 가운데 계시니 그는 救援을 베푸실 全能者시라 그가 너로 인하여 기쁨을 이기지 못하시며 너를 잠잠히 사랑하시며 너로 말미암아 즐거이 부르며 기뻐하시리라 하리라

The LORD your God is in your midst, A victorious warrior He will exult over you with joy, He will be quiet in His love, He will rejoice over you with shouts of joy.

살전 5:16 恒常 기뻐하라

Rejoice always.

좋은 글

하나님의 도우심으로 너와 내가 함께 破顔大笑할 수 있는 아름다운 世上을 만들어야 한다.

With God's help you and I laugh and I need to create a beautiful world.

送舊迎新

보낼 **송** 오랠 **구** 맞이할 **영** 새로울 **신**

오래된 것은 보내고 새 것을 맞이한다.

Welcome to send a new old thing.

성경 말씀

롬 7:6 이제는 우리가 얽매였던 것에 對하여 죽었으므로 律法에서 벗어났으니 이러므로 우리가 靈의 새로운 것으로 섬길 것이요 의문의 묵은 것으로 아니할지니라

But now we have been released from the Law, having died to that by which we were bound, so that we serve in newness of the Spirit and not in oldness of the letter.

눅 5:38 새 포도주는 새 부대에 담아야 할 것이니라

But new wine must be put into fresh wine-skins.

좋은 글

새 것은 새 부대에 담아야 한다.

New thing should be placed in a new bag.

首丘初心

머리 수 언덕 구 처음 초 마음 심

고향을 생각하는 마음.
Like to think of home.

성경 말씀

시 104:29 主께서 낯을 숨기신 즉 저희가 떨고 주께서 저희 呼吸을 取하신즉 저희가 죽어 본 흙으로 돌아가나이다.
You hide Your face, they are dismayed; You take away their spirit, they expire And return to their dust.

히 11:16 그들이 이제는 더 나은 本鄕을 思慕하니 곧 하늘에 있는 것이라 이러므로 하나님이 그들의 하나님이라 일컬음 받으심을 부끄러워하지 아니하시고 그들을 위하여 한 城을 豫備하셨느니라.
But as it is, they desire a better country, that is, a heavenly one Therefore God is not ashamed to be called their God; for He has prepared a city for them.

좋은 글

사람은 하나님이 창조하셨으므로 사람의 본향은 천국이다.
So the man of God who is the Creator of the homeland is heaven.

壽福康寧

목숨 수　복 복 편안할 강 편안할 영

福을 받아 長壽하고 便安하다.

Receive blessings, longevity and comfort.

성경 말씀

민 6:26 여호와는 그 얼굴을 네게로 向하여 드사 平康 주시기를 願하노라 할지니라 하라

the LORD lift up his countenance upon you, and give you peace.

시 29:11 여호와께서 자기 百姓에게 힘을 주심이여 여호와께서 자기 百姓에게 平康의 福을 주시리로다

May the LORD give strength to his people! May the LORD bless his people with peace!

요삼 1:2 사랑하는 자여 네 靈魂이 잘 됨같이 네가 凡事에 잘 되고 康健하기를 내가 懇求하노라

Beloved, I pray that in all respects you may prosper and be in good health, just as your soul prospers.

좋은 글

長壽 · 祝福 · 健康 · 平安 이 모든 것은 하나님이 주시는 福이다.

Blessings, health, peace, longevity, and all God's blessings.

袖手傍觀

소매 수　손 수　곁 방　볼 관

應當해야 할 일을 아무런 干與도 않고 내버려 두다.

And no one ought to do is engage perish without it.

성경 말씀

창 4:7 네가 善을 行하면 어찌 낯을 들지 못하겠느냐 善을 行하지 아니하면 罪가 門에 엎드려 있느니라 罪가 너를 願하나 너는 罪를 다스릴지니라

If you do well, will not your countenance be lifted up? And if you do not do well, sin is crouching at the door; and its desire is for you, but you must master it.

약 2:13 矜恤을 行하지 아니하는 者에게는 矜恤 없는 審判이 있으리라 矜恤은 審判을 이기고 자랑하느니라

For judgment will be without mercy to anyone who has shown no mercy; mercy triumphs over judgment.

좋은 글

이웃집 불구경하듯이 自身이 꼭 해야 할 役割을 外面하는 것은 罪惡이다.

They just need to act and pretend to ignore that it is a sin.

水滴穿石

물 수　자취 적　뚫을 천　돌 석

물방울이 계속 떨어져 마침내 돌을 뚫는다.
Wears away the stone continues to trickle away

성경 말씀

욥 8:7 네 始作은 微弱하였으나 네 나중은 甚히 昌大하리라
Though your beginning was insignificant, Yet your end will increase greatly.

고전 9:22 弱한 者들에게 내가 弱한 者와 같이 된 것은 弱한 者들을 얻고자 함이요 내가 여러 사람에게 여러 모습이 된 것은 아무쪼록 몇 사람이라도 救援하고자 함이니
To the weak I became weak, so that I might win the weak. I have become all things to all people, that I might by all means save some.

좋은 글

힘이 微弱한 사람이라도 繼續 努力하면 큰일을 이룰 수 있다.
Even those forces trying to keep the weak can achieve great things.

乘風波浪

탈 승　바람 풍　물결 파　물결 랑

거친 바람과 거센 風浪을 이기다.

Win the wild wind and the raging storm.

성경 말씀

잠 24:6 너는 謀略으로 싸우라 勝利는 謀事가 많음에 있느니라

for waging war you need guidance, and for victory many advisers.

롬 12:21 惡에게 지지 말고 善으로 惡을 이기라

Do not be overcome by evil, but overcome evil with good.

좋은 글

人生이라는 航海에 거친 바람과 거센 風浪을 전혀 만나지 않는 사람은 없을 것이다. 風浪에 挫折하지 않는다면 成功的인 人生이 될 것이다.

Not sailing in the wild wind and the raging storm of life who do not meet at all. Will be frustrated by the storm, but if successful life.

始終如一

처음 **시** 끝날 **종** 같을 **여** 한 **일**

항상 시작과 끝이 같음.

First, last, and all the time.

성경 말씀

대하 7:16 이는 내가 이미 이 殿을 擇하고 거룩하게 하여 내 이름으로 여기 永永히 있게 하였음이라 내 눈과 내 마음이 恒常 여기 있으리라

For now I have chosen and consecrated this house so that my name may be there forever; my eyes and my heart will be there for all time.

계 22:13 나는 알파와 오메가요 처음과 마지막이요 始作과 마침이라

I am the Alpha and the Omega, the first and the last, the beginning and the end.

좋은 글

주님을 向한 사랑과 信仰의 告白이 언제나 變함이 없게 하소서.

Confessions of love and faith toward the Lord is not always consistent me.

信賴關係

믿을 **신** 힘입을 **뢰** 빗장 **관** 이을 **계**

서로 믿는 關係.

Relationship of trust

시 118:8,9 여호와께 避함이 사람을 信賴함보다 나으며 여호와께 피함이 方伯들을 信賴함보다 낫도다

It is better to take refuge in the LORD than to trust in man. It is better to take refuge in the LORD than to trust in princes.

요 14:1 너희는 마음에 근심하지 말라 하나님을 믿으니 또 나를 믿으라

"Do not let your hearts be troubled. Believe in God, believe also in me.

성경 말씀

만약 네가 하나님을 믿으면 失敗가 없을 것이다.

If you trust God, you will not fail.

좋은 글

愼思篤行

삼갈 **신** 생각할 **사** 도타울 **독** 다닐 **행**

愼重히 생각하고 誠實히 行한다.

Think carefully and faithfully carried out.

성경 말씀

딤후 4:5 그러나 너는 모든 일에 愼重하여 苦難을 받으며 傳道者의 일을 하며 네 職務를 다하라

As for you, always be sober, endure suffering, do the work of an evangelist, carry out your ministry fully.

딛 2:12 우리를 養育하시되 敬虔하지 않은 것과 이 世上 情慾을 다 버리고 愼重함과 의로움과 敬虔함으로 이 世上에 살고

training us to renounce impiety and worldly passions, and in the present age to live lives that are self-controlled, upright, and godly.

좋은 글

아름다운 생각과 고운 말과 眞實한 行爲는 世上을 더 밝게 만든다.

Beautiful ideas and fine words and the act of a true world makes more brightly.

信心直行

믿을 **신** 마음 **심** 곧을 **직** 다닐 **행**

옳다고 믿는 바대로 곧장 行하다.

Right to believe as soon as practical.

성경 말씀

레 18:4 너희는 나의 法道를 좇으며 나의 規例를 지켜 그대로 行하라
나는 너희의 하나님 여호와니라

My ordinances you shall observe and my statutes you shall keep, following them: I am the LORD your God.

빌 4:9 너희는 내게 배우고 받고 듣고 본 바를 行하라 그리하면 平康의
하나님이 너희와 함께 계시리라

Whatever you have learned or received or heard from me, or seen in me put it into practice. And the God of peace will be with you.

좋은 글

곧바로 實踐하는 것보다 重要한 것은 똑바로 듣는 것이다.

Practice will soon be hearing more importantly, straight.

身言書判

몸 **신** 말씀 **언** 글 **서** 판단할 **판**

몸(체모) · 말씨(언변) · 글씨(필적) · 판단력(문리)은 중국 당나라 때 관리를 뽑는 기준이었다.

Body, speech, handwriting and judgment based on the Chinese Tang Dynasty was pulling the management.

성경 말씀

시 111:10 여호와를 敬畏함이 곧 知慧의 根本이라 그 誡命을 지키는 者는 다 좋은 知覺이 있나니 여호와를 讚揚함이 永遠히 繼續되리로다

The fear of the LORD is the beginning of wisdom; A good understanding have all those who do His commandments; His praise endures forever.

잠 16:20 삼가 말씀에 注意하는 者는 좋은 것을 얻나니 여호와를 依支하는 者는 福이 있느니라

He who gives attention to the word will find good, And blessed is he who trusts in the LORD.

神人合一

귀신 **신** 사람 **인** 합할 **합** 한 **일**

하나님과 사람이 하나 되다.

One God and man.

성경 말씀

사 43:1 야곱아 너를 創造하신 여호와께서 只今 말씀하시느니라 이스라엘아 너를 지으신 이가 말씀하시느니라 너는 두려워하지 말라 내가 너를 救贖하였고 내가 너를 指名하여 불렀나니 너는 내 것이라

But now thus says the LORD, he who created you, O Jacob, he who formed you, O Israel: Do not fear, for I have redeemed you; I have called you by name, you are mine.

갈 3:28 너희는 유대인이나 헬라인이나 종이나 自由人이나 男子나 女子나 다 그리스도 예수 안에서 하나이니라

There is no longer Jew or Greek, there is no longer slave or free, there is no longer male and female; for all of you are one in Christ Jesus.

좋은 글

神人合一이면 百戰百勝.

When all the fighting with God in a win.

神人協同

귀신 **신** 사람 **인** 도울 **협** 한가지 **동**

하나님과 사람이 함께하다.

With God and man.

성경 말씀

삼하 5:10 만군의 하나님 여호와께서 함께 계시니 다윗이 점점 강성하여 가니라

And David became greater and greater, for the LORD, the God of hosts, was with him.

행 10:38 하나님이 나사렛 예수에게 聖靈과 能力을 기름 붓듯 하셨으매 그가 두루 다니시며 善한 일을 行하시고 魔鬼에 눌린 모든 사람을 고치셨으니 이는 하나님이 함께 하셨음이라

You know of Jesus of Nazareth, how God anointed Him with the Holy Spirit and with power, and how He went about doing good and healing all who were oppressed by the devil, for God was with Him.

좋은 글

神人協同(同行 · 同業 · 同居)이면 萬事亨通이다.

God and man together, all is well.

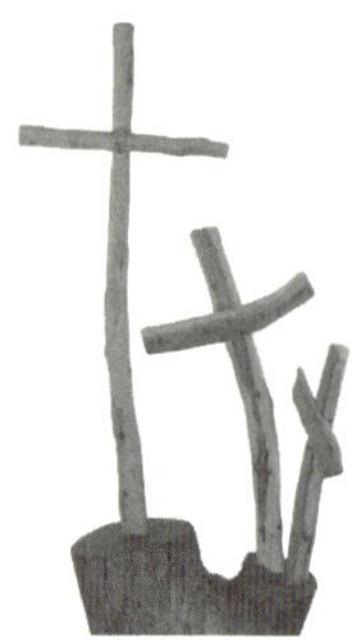

信之無疑

믿을 신 갈 지 없을 무 의심할 의

믿어 의심하지 않음.

Believed to have no doubt.

성경 말씀

민 21:8,9 여호와께서 모세에게 이르시되 불뱀을 만들어 長대 위에 달라 물린 者마다 그것을 보면 살리라 모세가 놋뱀을 만들어 長대 위에 다니 뱀에게 물린 者마다 놋뱀을 쳐다본즉 모두 살더라

The LORD said to Moses, "Make a snake and put it up on a pole; anyone who is bitten can look at it and live." So Moses made a bronze snake and put it up on a pole. Then when anyone was bitten by a snake and looked at the bronze snake, he lived.

롬 1:17 복음에는 하나님의 의가 나타나서 믿음으로 믿음에 이르게 하나니 기록된 바 오직 의인은 믿음으로 말미암아 살리라 함과 같으니라

For in the gospel a righteousness from God is revealed, a righteousness that is by faith from first to last, just as it is written: "The righteous will live by faith."

좋은 글

믿음으로 바라보면 꿈을 이룬다.

Achieving your dream to look at faith.

新天地

새로울 **신** 하늘 **천** 땅 **지**

새로운 세상.

New world

성경 말씀

사 65:17 보라 내가 새 하늘과 새 땅을 創造하나니 以前 것은 記憶되거나 마음에 생각나지 아니할 것이라

For I am about to create new heavens and a new earth; the former things shall not be remembered or come to mind.

계 21:1 또 내가 새 하늘과 새 땅을 보니 처음 하늘과 처음 땅이 없어졌고 바다도 다시 있지 않더라

Then I saw a new heaven and a new earth; for the first heaven and the first earth passed away, and there is no longer any sea.

좋은 글

하늘 아래 새로운 것은 없다. 하나님의 손길이 닿을 때만 새 것이 되고, 새로운 세상이 열린다.

There is nothing new under the sun. It is only when it touches the hand of God, and the new, a new world is opened.

我敬愛主

나 **아** 공경할 **경** 사랑 **애** 주인 **주**

주님을 恭敬하고 사랑합니다.
Love and honor the Lord.

성경 말씀

시 18:1 나의 힘이 되신 여호와여 내가 주를 사랑하나이다
I love you, O LORD, my strength.

요 21:17 세 번째 이르시되 요한의 아들 시몬아 네가 나를 사랑하느냐 하시니 주께서 세 번째 네가 나를 사랑하느냐 하시므로 베드로가 근심하여 이르되 주님 모든 것을 아시오매 내가 주님을 사랑하는 줄을 주님께서 아시나이다 예수께서 이르시되 내 양을 먹이라
He said to him the third time, "Simon, son of John, do you love Me?" Peter was grieved because He said to him the third time, And he said to Him, "Lord, You know all things; You know that I love You " Jesus said to him, "Feed My sheep".

좋은 글

하나님을 사랑하면 하나님의 사랑을 입게 된다.
If you love God, love of God, will be.

아

安分知足

편안할 **안** 나눌 **분** 알 **지** 발 **족**

便한 마음으로 제 분수를 지키며 滿足을 앎.

Feel free to satisfy and keep his role and position.

성경 말씀

시 90:14 아침에 主의 仁慈로 우리를 滿足케 하사 우리 平生에 즐겁고 기쁘게 하소서

Satisfy us in the morning with your steadfast love, so that we may rejoice and be glad all our days.

빌 4:11 내가 窮乏하므로 말하는 것이 아니니라 어떠한 形便에든지 나는 自足하기를 배웠노니

Not that I speak from want, for I have learned to be content in whatever circumstances I am.

좋은 글

主님 안에 便安하고 滿足한 삶이 있습니다.

Be comfortable and satisfied with life in the Lord.

安全旅行

편안할 **안** 온전할 **전** 나그네 **여** 다닐 **행**

危險이나 事故가 날 念慮가 없는 便安한 旅行길.

Risks or accidents do not have to worry about me comfortable journey.

성경 말씀

신 1:33 그는 너희보다 먼저 그 길을 가시며 帳幕 칠 곳을 찾으시고 밤에는 불로, 낮에는 구름으로 너희가 갈 길을 指示하신 者이시니라

Who goes before you on the way to seek out a place for you to camp, in fire by night, and in the cloud by day, to show you the route you should take."

레 11:45 나는 너희의 하나님이 되려고 너희를 애굽 땅에서 引導하여 낸 여호와라 내가 거룩하니 너희도 거룩할지어다

For I am the LORD who brought you up from the land of Egypt, to be your God; you shall be holy, for I am holy.

신 32:12 여호와께서 홀로 그들을 引導하셨고 함께 한 다른 神이 없었도다

the LORD alone guided him; no foreign god was with him.

좋은 글

사람은 地球村에 暫時 旅行 온 것이다.

安全한 旅行을 爲하여 반드시 하나님의 引導하심을 받아야만 한다.

Who travel around the world in a moment comes.

Should be safe trip to you God's guidance.

愛之重之

사랑 **애** 갈 **지** 무거울 **중** 갈 **지**

매우 사랑하고 貴中히 여김.

Very loving and good name.

성경 말씀

창 1:27 하나님이 自己 形像 곧 하나님의 形像대로 사람을 創造하시되 男子와 女子를 創造하시고

So God created humankind in his image, in the image of God he created them; male and female he created them.

요일 4:9 하나님의 사랑이 우리에게 이렇게 나타난 바 되었으니 하나님이 自己의 獨生子를 世上에 보내심은 그로 말미암아 우리를 살리려 하심이라

God's love was revealed among us in this way: God sent his only Son into the world so that we might live through him

좋은 글

하나님의 사랑과 比較할 것은 없다.

The love of God, can not be compared.

漁父之利

고기잡을 **어** 아비 **부** 갈 **지** 이로울 **리**

어부의 이로움 : 조개와 물총새가 서로 讓步하지 않고 싸울 때 漁父가 이 둘을 다 잡았다는 고사로, 두 사람의 다툼 속에 엉뚱한 第三者가 利得을 챙기는 것을 意味한다.
Kingfisher clams and fighting with each other, without concessions to the fishermen took the two by two, two people in the struggle to take your gains to a third party is the wrong means.

성경 말씀

잠 22:3, 27:12 슬기로운 者는 災殃을 보면 숨어 避하여도 어리석은 者들은 나아가다가 害를 받느니라
The clever see danger and hide; but the simple go on, and suffer for it.

행 19:36 이 일이 그렇지 않다 할 수 없으니 너희가 가만히 있어서 무엇이든지 輕率히 아니하여야 하리라
Since these are undeniable facts, you ought to keep calm and to do nothing rash.

좋은 글

善人의 知慧는 惡人들의 싸움에 介入하지 말고 惡人과 惡人이 싸우는 것을 지켜보다가 그 利益을 챙기는 것이다.
The wisdom of good people involved in the wicked, do not fight evil and wicked watch this fight that will take your profits.

易地思之

바꿀 **역** 땅 **지** 생각 **사** 갈 **지**

相對의 立場을 바꾸어 생각하는 것.
Would think that changing the relative position.

성경 말씀

갈 5:13 兄弟들아 너희가 自由를 위하여 부르심을 입었으나 그러나 그 자유로 肉體의 機會를 삼지 말고 오직 사랑으로 서로 從노릇 하라
For you were called to freedom, brethren; only do not turn your freedom into an opportunity for the flesh, but through love serve one another.

갈 6:2 너희가 짐을 서로 지라 그리하여 그리스도의 法을 成就하라
Bear one another's burdens, and in this way you will fulfill the law of Christ.

벧전 4:8 무엇보다도 뜨겁게 서로 사랑할지니 사랑은 허다한 罪를 덮느니라
Above all, maintain constant love for one another, for love covers a multitude of sins.

좋은 글

모든 關係에는 相對가 있다.
相對의 立場에 서 보는 것은 아름다운 關係를 만든다.
There is any relationship between the relative makes looking at the relative position of a beautiful relationship.

念慮無望

생각할 염 생각할 려 없을 무 바랄 망

걱정은 아무것도 이루지 못한다.

It is not no good to worry about.

성경 말씀

잠 10:22 여호와께서 福을 주시므로 사람으로 富하게 하시고 근심을 兼하여 주지 아니 하시느니라.

It is the blessing of the lord that makes rich, And He adds no sorrow to it.

요 14:1 너희는 마음에 근심하지 말라 하나님을 믿으니 또 나를 믿으라

Do not let your hearts be troubled. Believe in God, believe also in me.

좋은 글

不戚戚於貧賤(불척척어빈천)하고 不汲汲於富貴(불급급어부귀)니라.

가난하고 賤함에 근심 걱정하지 않고 富有함과 貴함에 性急하게 힘쓰지 않는다.

The poor and cloth as worries without riches and honor hasty effort does not.

寤寐不忘

깰 오 잠잘 매 아니 불 잊을 망

자나깨나 잊지 못한다.

Obsession can not forget

성경 말씀

대하 6:10 그러나 나의 하나님 여호와여 종의 祈禱와 懇求를 돌아보시며 종이 主의 앞에서 부르짖음과 비는 祈禱를 들으시옵소서

Regard your servant's prayer and his plea, O LORD my God, heeding the cry and the prayer that your servant prays to you.

마 27:46 第九時쯤에 예수께서 크게 소리질러 이르시되 엘리 엘리 라마 사박다니 하시니 이는 곧 나의 하나님, 나의 하나님, 어찌하여 나를 버리셨나이까 하는 뜻이라

And about three o'clock Jesus cried with a loud voice, "Eli, Eli, lema sabachthani?" that is, "My God, my God, why have you forsaken me?"

좋은 글

하나님 아버지를 바라고 기다리는 마음을 무엇에 比喩할꼬. 고기를 기다리는 배고픈 漁夫의 心情, 메마른 大地의 農作物을 바라보며 비를 기다리는 농부의 心情보다 더 懇切한 것이다.

Do compared to what your heart wants to wait for the Father. The more earnest than the mind of the farmer waits for rain to watch the plants of arid land hungry fisherman waiting for the fish heart.

寤寐思服

깰 오 잠잘 매 생각할 사 옷 복

자나깨나 생각하며 잊지 못한다.

I can not forget, even when awake and when I sleep.

성경 말씀

대상 28:9 내 아들 솔로몬아 너는 네 아비의 하나님을 알고 온전한 마음과 기쁜 뜻으로 섬길지어다 여호와께서는 뭇 마음을 監察하사 모든 思想을 아시나니 네가 저를 찾으면 만날 것이요 버리면 저가 너를 永遠히 버리시리라

My son Solomon, know the God of your father, and serve Him with a whole heart and a willing mind; for the LORD searches all hearts, and understands every intent of the thoughts If you seek Him, He will let you find Him; but if you forsake Him, He will reject you forever.

렘 29:13 너희가 全心으로 나를 찾고 찾으면 나를 만나리라

When you search for me, you will find me; if you seek me with all your heart.

고전 8:3 또 누구든지 하나님을 사랑하면 그 사람은 하나님도 알아 주시느니라

but anyone who loves God is known by him.

좋은 글

사랑은 하늘과 땅이 通하는 言語이다.

Love is the language of the heavens and the earth through

五十步百步

다섯 **오** 열 **십** 걸음 **보** 일백 **백** 걸음 **보**

五十 步 도망친 사람이 百 步 도망친 사람을 비웃는다.
Laugh at the people who fled one hundred steps away fifty steps.

성경말씀

창 13:8 아브람이 롯에게 이르되 우리는 한 親族이라 나나 너나 내 牧者나 네 牧者나 서로 다투게 하지 말자.
So Abram said to Lot, "Let's not have any quarreling between you and me, or between your herdsmen and mine, for we are brothers.

롬 14:13 그런즉 우리가 다시는 서로 批判하지 말고 도리어 부딪칠 것이나 거칠 것으로 兄弟 앞에 두지 아니하도록 注意하라
Therefore let us stop passing judgment on one another. Instead, make up your mind not to put any stumbling block or obstacle in your brother's way.

좋은 글

程度의 差異는 있으나 本質的으론 마찬가지인 사람들. 서로 非難하고 다투는 것은 어리석은 일이다. 모든 人間은 다 罪人이다.
Come on people arguing and blaming each other, the difference of degree, but essentially is foolish. Every human being is a sinner.

溫故知新

따뜻할 온 옛 고 알 지 새로울 신

옛 것을 익히고 그것으로 미루어 새 것을 안다.

Old to know it through a new learning.

성경 말씀

시 51:10 하나님이여 내 속에 淨한 마음을 創造하시고 내 안에 正直한 靈을 새롭게 하소서

Create in me a clean heart, O God, and put a new and right spirit within me.

롬 12:2 너희는 이 世代를 本받지 말고 오직 마음을 새롭게 함으로 變化를 받아 하나님의 善하시고 기뻐하시고 穩全하신 뜻이 무엇인지 分別하도록 하라

Do not be conformed to this generation, but be transformed by the renewing of your minds, so that you may discern what is the will of God--what is good and acceptable and perfect.

좋은 글

溫故而知新 可以爲師矣 : 옛 것을 익히어 새 것을 알면 이로써 남의 스승이 될 수 있느니라(『論語』〈爲政編〉).

Olds to learn new things to know This can be a teacher of others.

臥薪嘗膽

누울 **와** 땔나무 **신** 맛볼 **상** 쓸개 **담**

온갖 괴로움을 참고 견디는 것을 비유한 말.

Tastes gallbladder lying on straw.

성경 말씀

시 34:19 義人은 苦難이 많으나 여호와께서 그 모든 苦難에서 건지시는도다

Many are the afflictions of the righteous, but the LORD rescues them from them all.

눅 9:51 예수께서 昇天하실 期約이 차가매 예루살렘을 向하여 올라가기로 굳게 決心하시고

When the days drew near for him to be taken up, he set his face to go to Jerusalem.

좋은 글

自身의 잘못으로 當하는 苦難도 有益이 있거니와 義人의 苦難은 하나님이 돌아보신다.

Difficult being their fault benefits are the afflictions of the righteous: but the reward of seeing God back gives.

慾孕生惡

욕심 **욕** 아이밸 **잉** 날 **생** 악할 **악**

慾心은 악을 낳는다.

Evil begets greed.

성경 말씀

시 66:18 내가 내 마음에 罪惡을 품으면 主께서 듣지 아니하시리라

If I had cherished iniquity in my heart, the Lord would not have listened.

약 1:15 慾心이 孕胎한즉 罪를 낳고 罪가 長成한즉 死亡을 낳느니라

when lust has conceived, it gives birth to sin; and when sin is accomplished, it brings forth death.

좋은 글

慾心을 超越하면 尊敬이 따른다.

Beyond greed, respect follows.

勇猛精進

날랜 **용** 사나울 **맹** 자세할 **정** 나아갈 **진**

勇敢하게 熱心히 努力함.

Brave and ferociously hard working.

성경 말씀

시 60:12 우리가 하나님을 依支하고 勇敢히 行하리니 저는 우리의 對敵을 밟으실 者심이로다

With God we will gain the victory, and he will trample down our enemies.

고전 9:25 이기기를 다투는 者마다 모든 일에 節制하나니 그들은 썩을 勝利者의 冠을 얻고자 하되 우리는 썩지 아니할 것을 얻고자 하노라

Everyone who competes in the games goes into strict training. They do it to get a crown that will not last; but we do it to get a crown that will last forever.

좋은 글

熱心을 기울이고 最善을 다하면 하늘도 도와주며 不可能도 可能케 한다.

Heaven help them best and maybe even impossible enables eager.

牛步萬里

소 **우** 걸음 **보** 일만 **만** 마을 **리**

소 걸음이 느려도 萬 里를 간다.

Go slowly and like a cow'd got to the end.

성경 말씀

잠 25:15 오래 참으면 官員이 그 말을 容納하나니 부드러운 혀는 뼈를 꺾느니라

With patience a ruler may be persuaded, and a soft tongue can break bones.

히 10:36 너희에게 忍耐가 必要함은 너희가 하나님의 뜻을 行한 後에 約束하신 것을 받기 爲함이라

For you need endurance, so that when you have done the will of God, you may receive what was promised.

좋은 글

忍耐는 모든 困難에 適用되는 最上의 處方이다. - 플라우투스

Patience and prayer moves mountains

雲從龍風從虎

구름 **운** 좇을 **종** 용 **용** 바람 **풍** 좇을 **종** 범 **호**

龍 가는데 구름 가고 범 가는데 바람 간다. 마음에 맞는 사람끼리 서로 緊密한 關係를 일컬음.

Like minded people make friend with each other closely.

성경말씀

잠 17:17 親舊는 사랑이 끊어지지 아니하고 兄弟는 危急한 때를 爲하여 났느니라

A friend loves at all times, and kinsfolk are born to share adversity.

요 15:13 사람이 친구를 위하여 자기 목숨을 버리면 이보다 더 큰 사랑이 없나니

No one has greater love than this, to lay down one's life for one's friends.

좋은글

서로에게 기쁨과 有益을 주는 아름다운 사람들과 살고 싶다.

joy and beneficial to each other and the beautiful people that I want to live.

아

遠禍召福

멀 원 재화 화 부를 소 복 복

화를 멀리하고 복을 불러들이다.

Accept call away angry and clothing.

성경말씀

시 34:10 젊은 사자는 窮乏하여 주릴지라도 여호와를 찾는 者는 모든 좋은 것에 不足함이 없으리로다

The young lions do lack and suffer hunger; But they who seek the LORD shall not be in want of any good thing.

고전 8:3 또 누구든지 하나님을 사랑하면 그 사람은 하나님도 알아 주시느니라

but anyone who loves God is known by him.

좋은 글

하나님을 모시면 災殃의 어둠은 물러가고 生命의 빛과 함께 福이 들어온다.

Believe in God, the darkness of evil ado come blessed with the light of life.

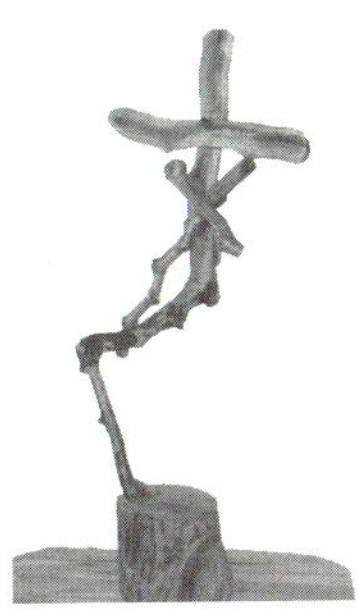

有望則喜

있을 **유** 바랄 **망** 법칙 **칙** 기쁠 **희**

所望이 있으면 기쁨이 있다.
Where the hope of joy.

성경 말씀

시 37:4 또 여호와를 기뻐하라 저가 네 마음의 所願을 이루어 주시리로다
Take delight in the LORD, and he will give you the desires of your heart.

롬 12:12 所望 중에 즐거워하며 患難 中에 참으며 祈禱에 恒常 힘쓰며
Rejoice in hope, be patient in suffering, persevere in prayer.

빌 4:4 主 안에서 恒常 기뻐하라 내가 다시 말하노니 기뻐하라Rejoice in the Lord always; again I will say, Rejoice.

좋은 글

기쁨은 꿈을 먹고 커 간다.
Dream of joy eats and grows.

有始有終

있을 유 처음 시 있을 유 끝날 종

시작도 있고, 끝도 있다.

Start and end.

성경 말씀

행 7:50 이 모든 것이 다 내 손으로 지은 것이 아니냐 함과 같으니라

Did not my hand make all these things?'

벧전 4:7 萬物의 마지막이 가까이 왔으니 그러므로 너희는 精神을 차리고 謹身하여 祈禱하라

The end of all things is near; therefore be serious and discipline yourselves for the sake of your prayers.

계 22:13 나는 알파와 오메가요 처음과 마지막이요 始作과 마침이라

I am the Alpha and the Omega, the first and the last, the beginning and the end.

좋은 글

모든 것에는 始作과 끝이 있음을 有念하는 것이 智慧로운 사람이다.

People are wise to keep in mind that everything that has a beginning and an end.

悠悠自適

멀 유 멀 유 스스로 자 갈 적

俗世를 떠나 아무런 束縛도 없이 便安히 살아감.
Without leaving the comfort of no earthly bondage eke(get along).

성경 말씀

삼하 7:11 前에 내가 사사를 命하여 내 百姓 이스라엘을 다스리던 때와 같지 않게 하고 너를 모든 對敵에게서 벗어나 平安케 하리라
Even from the day that I commanded judges to be over My people Israel; and I will give you rest from all your enemies

고후 3:17 主는 靈이시니 主의 靈이 계신 곳에는 自由가 있느니라
Now the Lord is the Spirit, and where the Spirit of the Lord is, there is freedom.

좋은 글

不是人閑 閑不得 閑人不是 等閑人
한가한 사람이 아니면 한가함을 못 얻으며, 한가한 사람이란 등한한 사람이 아니다. 느리게 살고 천천히 음미하며 여유롭게 즐기는 것은 아무나 누릴 수 있는 축복이 아니다. 努力 없이 그냥 얻어지는 것은 더더욱 아니다. 恒常 바쁘게 살았기에 生을 吟味하며 느리게 사는 生活을 즐겨 보는 것도 必要하다.
Always slow down and enjoy life because you live busy lives and enjoy life also needed a magazine.

唯一無二

오직 유 한 일 없을 무 두 이

오직 하나뿐이고 둘도 없음.

But only one singular.

성경 말씀

사 37:16 그룹 사이에 계신 이스라엘 하나님 萬軍의 여호와여 주는 天下萬國의 唯一하신 하나님이시라 主께서 天地를 만드셨나이다

O LORD Almighty, God of Israel, enthroned between the cherubim, you alone are God over all the kingdoms of the earth. You have made heaven and earth.

행 4:12 다른 이로써는 救援을 받을 수 없나니 天下 사람 중에 救援을 받을 만한 다른 이름을 우리에게 주신 일이 없음이라 하였더라

Salvation is found in no one else, for there is no other name under heaven given to men by which we must be saved.

좋은 글

天國과 通하는 길은 오직 예수뿐이다.

The only way through heaven and jesus only.

隱忍自重

숨길 **은** 참을 **인** 스스로 **자** 무거울 **중**

괴로움을 참고 몸가짐을 조심하다.

To endure suffering, and careful appearance.

성경 말씀

수 23:11 그러므로 스스로 操心하여 너희 하나님 여호와를 사랑하라
Be very careful, therefore, to love the LORD your God.

눅 21:34 너희는 스스로 操心하라 그렇지 않으면 放蕩함과 술 醉함과 生活의 念慮로 마음이 鈍하여지고 뜻밖에 그 날이 덫과 같이 너희에게 臨하리라
"Be on guard, so that your hearts will not be weighted down with dissipation and drunkenness and the worries of life, and that day will not come on you suddenly like a trap.

좋은 글

스스로를 돌아보고 참는 中에 福이 온다.

Take a look at yourself while enduring fortune comes.

陰德陽報

응달 **음** 큰 **덕** 볕 **양** 갚을 **보**

남모르게 德을 쌓는 사람은 後에 報償을 받게 된다.

Other people who unknowingly accumulate virtue will be rewarded later.

성경 말씀

전 3:12 사람이 사는 동안에 기뻐하며 善을 行하는 것보다 나은 것이 없는 줄을 내가 알았고

I know that there is nothing better for them than to rejoice and to do good in one's lifetime;

롬 2:10 善을 行하는 사람에게는 榮光과 尊貴와 平康이 있으리니 먼저는 유대인에게요 그리고 헬라인에게라

But glory and honor and peace to everyone who does good, to the Jew first and also to the Greek.

갈 6:9 우리가 善을 行하되 落心하지 말지니 抛棄하지 아니하면 때가 이르매 거두리라

So let us not grow weary in doing what is right, for we will reap at harvest-time, if we do not give up.

좋은 글

사람의 모든 行爲라는 나무에는 結果라는 열매가 열린다.

People of all acts that a result of the fruit trees will be held.

履薄臨深

신 **이** 엷을 **박** 임할 **임** 깊을 **심**

살얼음을 밟는 듯 조심하다.
Be careful and so is skating on thin ice.

성경 말씀

수 23:11 그러므로 스스로 操心하여 너희 하나님 여호와를 사랑하라.
"So take diligent heed to yourselves to love the lord your God.

고전 10:12 그런즉 선 줄로 생각하는 자는 넘어질까 操心하라.
Therefore let him who thinks he stands take heed that he does not fall.

벧전 4:7 萬物의 마지막이 가까이 왔으니 그러므로 너희는 精神을 차리고 謹身하여 祈禱하라
The end of all things is near; therefore, be of sound judgment and sober spirit for the purpose of prayer.

히 3:12 兄弟들아 너희는 삼가 혹 너희 中에 누가 믿지 아니하는 惡한 마음을 품고 살아 계신 하나님에게서 떨어질까 操心할 것이요.
Take care, brethren, that there not be in any one of you an evil, unbelieving heart that falls away from the living God.

좋은 글

天國 門을 들어설 때까지 操心 또 操心하자.
Upon entering the gates of heaven, beware beware.

以信得義

써 이 믿을 신 얻을 득 옳을 의

믿음으로 義롭게 된다.

Justification by faith

성경 말씀

합 2:4 보라 그의 마음은 驕慢하며 그의 속에서 正直하지 못하나 義人은 그의 믿음으로 말미암아 살리라

Look at the proud! Their spirit is not right in them, but the righteous live by their faith.

롬 1:17 福音에는 하나님의 義가 나타나서 믿음으로 믿음에 이르게 하나니 기록된 바 오직 義人은 믿음으로 말미암아 살리라 함과 같으니라

For in it the righteousness of God is revealed through faith for faith; as it is written, "The one who is righteous will live by faith."

좋은 글

義로워지는 것은 나의 行爲가 아니라 오직 그리스도의 十字架의 犧牲이 適用될 때 可能한 것이다.

Justified my behavior is possible when it is applied, not only the sacrifice of the cross of Christ.

爾若從善

너 이 같을 약 좇을 종 좋을 선

善을 行하면 害할 者가 없다.

Self harm is not upfront.

성경 말씀

창 4:7 네가 善을 行하면 어찌 낯을 들지 못하겠느냐 善을 行하지 아니하면 罪가 門에 엎드려 있느니라 罪가 너를 願하나 너는 罪를 다스릴지니라

If you do well, will not your countenance be lifted up? And if you do not do well, sin is crouching at the door; and its desire is for you, but you must master it.

벧전 3:13 또 너희가 熱心으로 善을 行하면 누가 너희를 害하리요

Now who will harm you if you are eager to do what is good?

좋은 글

善을 쌓으면 웃을 날들이 많아진다.

Laugh at the days when a lot of good work is plenty.

仁者無敵

어질 인 사람 자 없을 무 원수 적

어진 사람은 모든 사람들이 그를 따르므로 敵이 없다.

Benevolent people, so all the people who follow him, not an adversary.

성경 말씀

미 6:8 사람아 主께서 善한 것이 무엇임을 네게 보이셨나니 여호와께서 네게 求하시는 것이 오직 公義를 行하며 仁慈를 사랑하며 謙遜히 네 하나님과 함께 行하는 것이 아니냐

He has showed you, O man, what is good. And what does the LORD require of you? To act justly and to love mercy and to walk humbly with your God.

마 5:5 溫柔한 자는 福이 있나니 그들이 땅을 企業으로 받을 것임이요

Blessed are the meek, for they will inherit the earth.

좋은 글

仁慈한 사람은 敵이 없다. 혹시 誤解로 멀어지는 사람이 있을 수 있으나 時間이 지나면 結局 좋은 親舊가 될 것이다.

Benevolent people never Over time, you may be away from people with the misconception, but eventually become good friends.

一擧兩得

한 일 들 거 두 양 얻을 득

한 가지 일로써 두 가지 利益을 거둔다.

One thing as two kind reap a profit.

성경 말씀

민 6:24 여호와는 네게 福을 주시고 너를 지키시기를 願하며

The LORD bless you and keep you.

시 5:12 여호와여 주는 義人에게 福을 주시고 防牌로 함같이 恩惠로 저를 護衛하시리이다

For surely, O LORD, you bless the righteous; you surround them with your favor as with a shield.

요삼 1:2 사랑하는 者여 네 靈魂이 잘 됨같이 네가 凡事에 잘 되고 康健하기를 내가 懇求하노라

Dear friend, I pray that you may enjoy good health and that all may go well with you, even as your soul is getting along well.

좋은 글

님도 보고 뽕도 딴다. 도랑 치고 가재 잡는다(一石二鳥).

Killing two birds with one stone.

一騎當千

한 **일** 말탈 **기** 당할 **당** 일천 **천**

한 사람의 騎兵이 千 명의 敵을 當해 낼 수 있다.
Thousand enemy horseman of the person who is able to stand.

성경 말씀

수 23:10,11 너희 中 한 사람이 千 名을 쫓으리니 이는 너희 하나님 여호와 그가 너희에게 말씀하신 것같이 너희를 爲하여 싸우심이라 그러므로 스스로 操心하여 너희의 하나님 여호와를 사랑하라
One of you routs a thousand, because the LORD your God fights for you, just as he promised. So be very careful to love the LORD your God.

행 10:38 하나님이 나사렛 예수에게 聖靈과 能力을 기름 붓듯 하셨으매 그가 두루 다니시며 善한 일을 行하시고 魔鬼에 눌린 모든 사람을 고치셨으니 이는 하나님이 함께 하셨음이라
How God anointed Jesus of Nazareth with the Holy Spirit and with power; how he went about doing good and healing all who were oppressed by the devil, for God was with him.

좋은 글

나의 싸움은 곧 하나님과의 싸움이다. 그 理由는 내가 하나님의 것이기 때문이다.
My fight is the fight of God, because I am God's will is.

一瀉千里

한 **일** 쏟을 **사** 일천 **천** 마을 **리**

강물의 흐름이 빨라서 마침내 千 里 밖까지 다다름

Fast flow of the river once flowed very far reach.

어떤 일이 조금도 거침없이 迅速하게 進行됨.

What progresses quickly, without slightest hesitation.

성경 말씀

사 46:11 내가 東쪽에서 사나운 날짐승을 부르며 먼 나라에서 나의 뜻을 이룰 사람을 부를 것이라 내가 말하였은즉 반드시 이룰 것이요 計劃하였은즉 반드시 施行하리라

From the east I summon a bird of prey; from a far-off land, a man to fulfill my purpose. What I have said, that will I bring about; what I have planned, that will I do.

계 22:12 보라 내가 速히 오리니 내가 줄 賞이 내게 있어 각 사람에게 그가 行한 대로 갚아 주리라

"Behold, I am coming soon! My reward is with me, and I will give to everyone according to what he has done.

좋은 글

하나님의 計劃에 자신을 내어 드리면 一瀉千里 萬事亨通.

하나님의 計劃에 나를 내어 드리자.

The plan of God Let me in.

日就月將

날 **일** 나아갈 **취** 달 **월** 장수 **장**

날이 갈수록 進步함.

Develops day by day.

성경 말씀

시 51:10 하나님이여 내 속에 淨한 마음을 創造하시고 내 안에 正直한 靈을 새롭게 하소서

Create in me a clean heart, O God, and put a new and right spirit within me.

롬 12:2 너희는 이 世代를 本받지 말고 오직 마음을 새롭게 함으로 變化를 받아 하나님의 善하시고 기뻐하시고 穩全하신 뜻이 무엇인지 分別하도록 하라

Do not be conformed to this generation, but be transformed by the renewing of your minds, so that you may discern what is the will of God what is good and acceptable and perfect.

좋은 글

幸福은 自身이 좋아하는 일에 進步를 나타내는 것이다.

Happy progress on their favorite shows.

一片丹心

한 **일** 조각 **편** 붉을 **단** 마음 **심**

變치 않는 眞實한 마음.

The Singness of Heart

성경말씀

시 51:10 하나님이여 내 속에 淨한 마음을 創造하시고 내 안에 正直한 靈을 새롭게 하소서

Create in me a clean heart, O God, and put a new and right spirit within me.

잠 23:26 내 아들아 네 마음을 내게 주며 네 눈으로 내 길을 즐거워할지어다

My son, give me your heart and let your eyes keep to my ways.

좋은 글

모든 것은 變하나 님(하나님) 向한 마음은 어떤 狀況에도 變치 않아야 한다.

By the change, but everything (God)

Towards the mind under any circumstances should change.

臨戰無退

임할 **임** 싸울 **전** 없을 **무** 물러날 **퇴**

싸움에 臨해서는 물러남이 없다.
This does not go out to fight the withdrawal.

성경 말씀

삼상 25:28 主의 女從의 허물을 사하여 주옵소서 여호와께서 반드시 내 주를 위하여 든든한 집을 세우시리니 이는 내 주께서 여호와의 싸움을 싸우심이요 내 주의 一生에 내 주에게서 惡한 일을 찾을 수 없음이니이다.
Please forgive the transgression of your maidservant; for the lord will certainly make for my lord an enduring house, because my lord is fighting the battles of the lord, and evil will not be found in you all your days.

딤전 6:12 믿음의 善한 싸움을 싸우라 永生을 取하라 이를 위하여 네가 부르심을 받았고 많은 證人 앞에서 善한 證言을 하였도다
Fight the good fight of faith; take hold of the eternal life to which you were called, and you made the good confession in the presence of many witnesses.

좋은 글

靈的 싸움에서 讓步란 곧 죽음을 意味한다.
What means death in spiritual warfare means concessions.

自我省察

스스로 **자** 나 **아** 살필 **성** 살필 **찰**

자기의 마음을 반성하여 살핌.

Reflect the mind of the self-searchings.

성경 말씀

레 20:7 너희는 스스로 깨끗케 하여 거룩할지어다 나는 너희 하나님 여호와니라

Consecrate yourselves therefore, and be holy; for I am the LORD your God.

수 23:11 그러므로 스스로 操心하여 너희 하나님 여호와를 사랑하라

Be very careful, therefore, to love the LORD your God.

갈 6:10 그러므로 우리는 機會 있는 대로 모든 이에게 착한 일을 하되 더욱 믿음의 家庭들에게 할지니라

While we have opportunity, let us do good to all people, and especially to those who are of the household of the faith.

좋은 글

자기를 살피는 것은 아름다운 사람의 必需 德目이다. 自身을 살피고 아는 것은 世上을 바로 보고 모든 일에 바르게 對處할 수 있는 힘이 된다.

Self-feeling is the essential virtues of the beautiful people. Checking yourself to know the world is a force that can respond properly to all reports.

赤手成家

붉을 **적** 손 **수** 이룰 **성** 집 **가**

매우 가난한 집에 태어나서 제 힘으로 노력해 꿈을 이룬다.

Born in a very poor family, the power of his efforts to form a dream.

성경 말씀

잠 13:19 所願을 成就하면 마음에 달아도 미련한 者는 惡에서 떠나기를 싫어하느니라

A longing fulfilled is sweet to the soul, but fools detest turning from evil.

롬 5:4 忍耐는 鍊鍛을, 鍊鍛은 所望을 이루는 줄 앎이로다.

Perseverance, character; and character, hope.

좋은 글

成功은 꿈을 實現하는 것이다.

Success will be a dream come true.

Yesterday dream, Today vision, Tomorrow reality.

성공은 꿈을 가진 자에게 찾아옵니다.

어제의 꿈이 있는 사람은 오늘 그 꿈을 이루기 위해 도전합니다.

도전하는 자에게 그 꿈은 반드시 이루어집니다.

Find Success comes to those dreams.

Who dream of yesterday is today a challenge to fulfill the dream.

Always a challenge to those who made the dream.

滴水穿石

물방울 **적** 물 **수** 뚫을 **천** 돌 **석**

물방울의 낙숫물이 돌을 뚫는다.

Bully of the droplet breaks stones.

성경 말씀

잠 10:16 義人의 수고는 生命에 이르고 惡人의 所得은 罪에 이르느니라
The wage of the righteous leads to life, the gain of the wicked to sin.

요 4:38 내가 너희로 努力하지 아니한 것을 거두러 보내었노니 다른 사람들은 努力하였고 너희는 그들이 努力한 것에 參與하였느니라
"I sent you to reap that for which you have not labored; others have labored and you have entered into their labor."

좋은 글

작은 努力이라도 쉬지 아니하면 이루어진다.
If you can continue, even small efforts done.

轉禍爲福

구를 **전** 재화 **화** 위할 **위** 복 **복**

재화가 바뀌어 오히려 복이 됨.

Goods has changed rather a blessing.

성경 말씀

신 23:5 네 하나님 여호와께서 너를 사랑하시므로 발람의 말을 듣지 아니하시고 그 詛呪를 變하여 福이 되게 하셨나니

Nevertheless, the LORD your God was not willing to listen to Balaam, but the LORD your God turned the curse into a blessing for you because the LORD your God loves you.

시 30:11 主께서 나의 슬픔을 變하여 춤이 되게 하시며 나의 베옷을 벗기고 기쁨으로 띠 띠우셨나이다

You have turned for me my mourning into dancing; You have loosed my sackcloth and girded me with gladness.

좋은 글

'人生은 苦海다'라는 말이 있듯이 많은 變化들이 있다.
어려운 일을 만나도, 災殃을 만나도 하나님을 믿으면 오히려 그것이 祝福으로 바뀔 수 있다는 사실을 믿어야 한다.

As the saying 'Life is Beating' life, there are a lot of changes. Deserve it difficult to believe the fact that you can change it as a blessing, rather believe in God, go down to the disaster.

切磋琢磨

끊을 **절** 갈 **차** 닦을 **탁** 갈 **마**

學問과 德行을 부지런히 닦는다.

Diligent in study and virtue polished.

성경 말씀

잠 12:24 부지런한 者의 손은 사람을 다스리게 되어도 게으른 자는 부림을 받느니라

Diligent hands will rule, but laziness ends in slave labor.

딤전 6:11 오직 너 하나님의 사람아 이것들을 避하고 義와 敬虔과 믿음과 사랑과 忍耐와 溫柔를 따르며

But you, man of God, flee from all this, and pursue righteousness, godliness, faith, love, endurance and gentleness.

좋은 글

사람은 태어나면서 죽는 날까지 예수님을 닮아 가야(聖化의 길) 한다.

People like Jesus birth, go to my dying day.

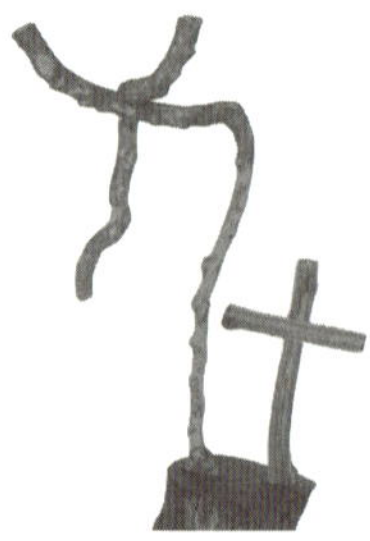

切齒腐心

끊을 절 이 치 썩을 부 마음 심

몹시 분하여 이를 갈며 속을 썩임.

Very angry, gnashing entering other cheat.

성경 말씀

시 6:3 나의 靈魂도 심히 떨리나이다 여호와여 어느 때까지니이까

My soul also is struck with terror, while you, O LORD—how long?

약 1:12 試驗을 참는 者는 福이 있나니 이는 試鍊을 견디어 낸 者가 主께서 자기를 사랑하는 者들에게 約束하신 生命의 冕旒冠을 얻을 것이기 때문이라

Blessed is the man who perseveres under trial, because when he has stood the test, he will receive the crown of life that God has promised to those who love him.

좋은 글

失敗를 가져다주는 사탄의 毁謗에 忿을 내고 鬼神의 장난을 미워해야 한다.

Slander of Satan to bring the failed ghost prank making the minutes should hate.

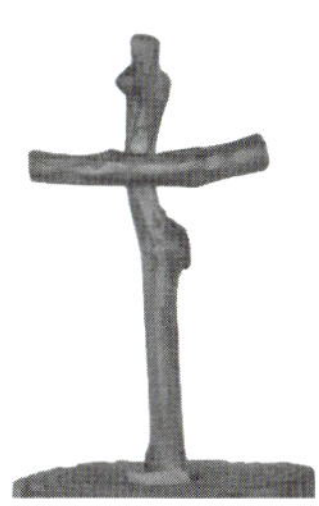

終身無恥

끝날 **종** 몸 **신** 없을 **무** 부끄러워할 **치**

平生 부끄러움이 없다.
There is no shame lifetime.

성경 말씀

사 58:11 여호와가 너를 恒常 引導하여 마른 곳에서도 네 靈魂을 滿足하게 하며 네 뼈를 堅固하게 하리니 너는 물 댄 동산 같겠고 물이 끊어지지 아니하는 샘 같을 것이라
The LORD will continually guide you, And satisfy your desire in scorched places, And give strength to your bones; And you will be like a watered garden, And like a spring of water whose waters do not fail.

고후 3:5 우리가 무슨 일이든지 우리에게서 난 것같이 생각하여 스스로 滿足할 것이 아니니 우리의 滿足은 오직 하나님께로부터 나느니라
Not that we are adequate in ourselves to consider anything as coming from ourselves, but our adequacy is from God.

좋은 글

慾心을 그치고 滿足함을 알고 살면 平生 부끄러움이 없이 살 수 있다.
Mere desire to live life satisfaction to know there is no shame this may be to live.

走馬加鞭

달릴 주 말 마 더할 가 채찍 편

달리는 말에 계속 채찍질하다.

Continue to whip horses run.

성경 말씀

시 119:112 내가 主의 律例를 永遠히 行하려고 내 마음을 기울였나이다

I have inclined my heart to perform Your statutes Forever, even to the end.

벧전 3:13 또 너희가 熱心으로 善을 行하면 누가 너희를 害하리요

Now who will harm you if you are eager to do what is good?

계 2:26 이기는 者와 끝까지 내 일을 지키는 그에게 萬國을 다스리는 權勢를 주리니

He who overcomes, and he who keeps my deeds until the end, to him i will give authority over the nations.

좋은 글

最高의 이웃 사랑, 奉仕는 그 사람의 靈魂을 救援하는 것이다. 이 일을 위해 切齒腐心해야 한다.

Best love of neighbor, and the salvation of the soul is to serve him. Should spare no effort for the best.

竹杖芒鞋

대 **죽** 지팡이 **장** 까끄라기 **망** 신 **혜**

대지팡이와 짚신. 먼 길을 떠날 때의 아주 簡便한 차림.
Cane and straw sandals. A very long way when you leave dressed easy.

성경 말씀

창 47:9 야곱이 바로에게 告하되 내 나그네길의 歲月이 一百三十年이니이다 나의 年歲가 얼마 못 되니 우리 祖上의 나그네길의 歲月에 미치지 못하나 險惡한 歲月을 보내었나이다 하고
Jacob said to Pharaoh, "The years of my sojourning are one hundred and thirty; few and unpleasant have been the years of my life, nor have they attained the years that my fathers lived during the days of their sojourning."

벧전 1:17 外貌로 보시지 않고 각 사람의 行爲대로 判斷하시는 이를 너희가 아버지라 부른즉 너희가 나그네로 있을 때를 두려움으로 지내라
If you address as Father the One who impartially judges according to each one's work, conduct yourselves in fear during the time of your stay on earth.

좋은 글

生은 나그네길이라 簡便해야 한다.
慾心은 人生을 부담스럽고 疲困하게 할 뿐이다.
Life is a pilgrimage should be easy.
Greed is burdensome and wearisome life

中石沒鏃

가운데 **중** 돌 **석** 잠길 **몰** 화살 **촉**

쏜 화살이 돌에 깊이 박혔다.

Depth Forms. Arrows flew in stone.

성경 말씀

겔 39:25 그러므로 나 主 여호와가 말하노라 내가 이제 내 거룩한 이름을 위하여 熱心을 내어 야곱의 사로잡힌 者를 돌아오게 하며 이스라엘 온 族屬에게 矜恤을 베풀지라

Therefore thus says the Lord GOD: Now I will restore the fortunes of Jacob, and have mercy on the whole house of Israel; and I will be jealous for my holy name.

갈 4:18 좋은 일에 대하여 熱心으로 思慕함을 받음은 내가 너희를 對하였을 때뿐 아니라 언제든지 좋으니라

It is fine to be zealous, provided the purpose is good, and to be so always and not just when I am with you.

좋은 글

精神을 集中해서 全力을 다하면 어떤 일에도 成功할 수 있다.
最善을 다하는 사람이 아름답다.

Concentrate all power to spilled anything when you can be successful. Beautiful people to do their best.

至誠感天

이를 **지** 정성 **성** 느낄 **감** 하늘 **천**

至極한 精誠에 하늘이 感動함.

Impressive is the utmost devotion to God.

성경 말씀

창 22:18 또 네 씨로 말미암아 天下萬民이 福을 받으리니 이는 네가 나의 말을 遵行하였음이니라 하셨다 하니라

In your seed all the nations of the earth shall be blessed, because you have obeyed My voice.

마 22:37 예수께서 이르시되 네 마음을 다하고 목숨을 다하고 뜻을 다하여 주 너의 하나님을 사랑하라 하셨으니

He said to him, "'You shall love the Lord your God with all your heart, and with all your soul, and with all your mind.'

좋은 글

歷史를 裝飾한 사람들은 하나님께 붙잡힌 사람들이었다.

Decorative history people were caught God.

智者不失時

슬기 **지** 사람 **자** 아니 **불** 잃을 **실** 때 **시**

지혜로운 사람은 때를 놓치지 않는다.

When a wise man does not miss.

성경 말씀

신 28:12 여호와께서 너를 위하여 하늘의 아름다운 寶庫를 열으사 네 땅에 때를 따라 비를 내리시고 네 손으로 하는 모든 일에 福을 주시리니 네가 많은 民族에게 꾸어 줄지라도 너는 꾸지 아니할 것이요

The LORD will open for you his rich storehouse, the heavens, to give the rain of your land in its season and to bless all your undertakings. You will lend to many nations, but you will not borrow.

엡 5:16 歲月을 아끼라 때가 惡하니라

Making the most of the time, because the days are evil.

좋은 글

歲月은 사람을 기다리지 않는다.

Time and tide wait for no man.

知足可樂

알 **지** 발 **족** 옳을 **가** 즐길 **락**

滿足을 알면 즐거울 수 있다.

Can be fun if you know you're satisfied.

성경 말씀

시 90:14 아침에 主의 仁慈로 우리를 滿足케 하사 우리 平生에 즐겁고 기쁘게 하소서

Satisfy us in the morning with Your loving kindness, That we may sing for joy and be glad all our days.

살전 5:18 凡事에 感謝하라 이것이 그리스도 예수 안에서 너희를 向하신 하나님의 뜻이니라

Give thanks in all circumstances; for this is the will of God in Christ Jesus for you.

좋은 글

貪慾이 많으면 근심이 생기고 滿足함을 알면 즐겁게 살 수 있다.

Contentment is born of greed and knowing this much anxiety can live happily.

知足不辱

알 **지** 발 **족** 아니 **불** 욕되게 할 **욕**

분수를 알면 辱되지 않는다.

Knowing does not blame his place [station in life]

성경 말씀

시 103:5 좋은 것으로 네 所願을 滿足하게 하사 네 青春을 독수리같이 새롭게 하시는도다

who satisfies your desires with good things so that your youth is renewed like the eagle's.

고후 3:5 우리가 무슨 일이든지 우리에게서 난 것같이 생각하여 스스로 滿足할 것이 아니니 우리의 滿足은 오직 하나님께로부터 나느니라

Not that we are adequate in ourselves to consider anything as coming from ourselves, but our adequacy is from God.

좋은 글

滿足을 알면 不評과 怨望의 感情을 다스릴 수 있다.

Complaining and resentment of satisfaction knowing can master the emotion.

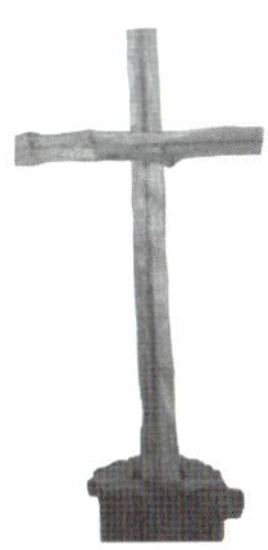

至尊無上

이를 **지** 높을 **존** 없을 **무** 윗 **상**

지극히 높아서 더 높은 것이 없음.

Supreme free will

성경 말씀

삼상 2:6,7 여호와는 죽이기도 하시고 살리기도 하시며 음부에 내리게도 하시고 거기에서 올리기도 하시는도다 여호와는 가난하게도 하시고 富하게도 하시며 낮추기도 하시고 높이기도 하시는도다

The LORD brings death and makes alive; he brings down to the grave and raises up. The LORD sends poverty and wealth; he humbles and he exalts.

시 97:9 여호와여 主는 온 땅 위에 至尊하시고 모든 神들 보다 위에 계시니이다

For you, O LORD, are the Most High over all the earth; you are exalted far above all gods.)

막 5:7 큰 소리로 부르짖어 이르되 至極히 높으신 하나님의 아들 예수여 나와 당신이 무슨 相關이 있나이까 願하건대 하나님 앞에 맹세하고 나를 괴롭히지 마옵소서 하니

Shouting with a loud voice, he said, "What business do we have with each other, Jesus, Son of the Most High God? I implore You by God, do not torment me."

좋은 글

하나님은 모든 인생들의 興亡盛衰, 生死禍福을 主管하십니다.

God all my life and ups and downs of the life and death with a curse and blessing chose subjectivity.

知行合一

알 **지** 다닐 **행** 합할 **합** 한 **일**

알고 행하지 않는 것은 정말 아는 것이 아니다.
Know do not do not really know.

성경 말씀

신 1:36 오직 여분네의 아들 갈렙은 온전히 여호와를 順從하였은즉 그는 그것을 볼 것이요 그가 밟은 땅을 내가 그와 그의 子孫에게 주리라 하시고
Except Caleb the son of Jephunneh; he shall see it, and to him and to his sons I will give the land on which he has set foot, because he has followed the LORD fully.

약 2:26 靈魂 없는 몸이 죽은 것같이 行함이 없는 믿음은 죽은 것이니라
As the body without the spirit is dead, so faith without deeds is dead.

좋은 글

知識을 行爲로 나타낼 때 빛이 發散된다.
Knowledge is represented as an act, the outgoing light.

盡善盡美

다할 **진** 착할 **선** 다할 **진** 아름다울 **미**

完全無缺하다.

Is flawless.

성경말씀

신 18:13 너는 네 하나님 여호와 앞에 完全하라

You must remain completely loyal to the LORD your God.

골 1:28 우리가 그를 傳播하여 각 사람을 勸하고 모든 智慧로 各 사람을 가르침은 각 사람을 그리스도 안에서 完全한 者로 세우려 함이니

We proclaim Him, admonishing every man and teaching every man with all wisdom, so that we may present every man complete in Christ.

좋은 글

사람은 나면서부터 完全無缺을 向하여 가야 한다.

Who went on to go from the sanctification toward integrity.

盡人事待天命

다할 **진** 사람 **인** 일 **사** 기다릴 **대** 하늘 **천** 목숨 **명**

努力을 다하고 天命을 기다린다.

Committed to working to wait for the will of heaven.

성경 말씀

잠 19:21 사람의 마음에는 많은 計劃이 있어도 오직 여호와의 뜻이 完全히 서리라

The human mind may devise many plans, but it is the purpose of the LORD that will be established.

딛 2:14 그가 우리를 代身하여 自身을 주심은 모든 不法에서 우리를 贖良하시고 우리를 깨끗하게 하사 善한 일을 熱心히 하는 自己 百姓이 되게 하려 하심이라

who gave himself for us to redeem us from every lawless deed, and to purify for himself a people for his own possession, zealous for good deeds.

좋은 글

最善을 다하고 謙虛히 하나님의 뜻을 기다리는 사람은 아름다운 사람이다.

Humbly dedicated to the will of God is a beautiful person who is waiting.

震天動地

벼락 **진** 하늘 **천** 움직일 **동** 땅 **지**

勢力이나 威嚴을 天下에 떨치다.

All the earth is full of power and majesty.

성경 말씀

삼상 2:7 여호와는 가난하게도 하시고 富하게도 하시며 낮추기도 하시고 높이기도 하시는도다.

The LORD makes poor and makes rich; he brings low, he also exalts.

약 4:10 주 앞에서 낮추라 그리하면 주께서 너희를 높이시리라.

Humble yourselves before the Lord, and he will exalt you.

좋은 글

自身의 이름을 온 天下에 떨치고 싶은가, 그렇다면 하나님을 다른 사람들보다 越等히 사랑하라.

Do you want to keep getting under your name springs to God than others, so much Love.

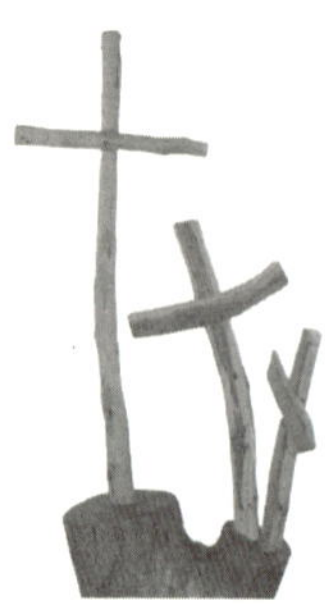

進退維谷

나아갈 **진** 물러날 **퇴** 맬 **유** 골 **곡**

앞으로 나갈 수도 물러설 수도 없는 窮地에 몰려 있음(進退兩難).
The future may go back down, flocked to the stand without predicament.

성경 말씀

시 40:2 나를 氣가 막힐 웅덩이와 수렁에서 끌어 올리시고 내 발을 磐石 위에 두사 내 걸음을 堅固케 하셨도다
He brought me up out of the pit of destruction, out of the miry clay, And He set my feet upon a rock making my footsteps firm.

히 5:7 그는 肉體에 계실 때에 自己를 죽음에서 能히 救援하실 이에게 심한 痛哭과 눈물로 懇求와 所願을 올렸고 그의 敬虔하심으로 말미암아 들으심을 얻었느니라
In the days of His flesh, He offered up both prayers and supplications with loud crying and tears to the One able to save Him from death, and He was heard because of His piety.

좋은 글

四方이 가로막히면 하늘을 바라보아야 한다.
Horizontal everywhere should look to the heaven.

集思廣益

모일 **집** 생각할 **사** 넓을 **광** 더할 **익**

여러 사람의 智慧를 모아 더 큰 利益을 얻는다.

Gather the wisdom of many people to get greater profits.

성경 말씀

시 133:1 兄弟가 聯合하여 同居함이 어찌 그리 善하고 아름다운고

How good and how pleasant it is For brothers to dwell together in unity.

롬 15:1 믿음이 强한 우리는 마땅히 믿음이 弱한 者의 弱點을 擔當하고 自己를 기쁘게 하지 아니할 것이라

Now we who are strong ought to bear the weaknesses of those without strength and not just please ourselves.

좋은 글

큰일일수록 많은 사람의 智慧와 힘을 모아야 한다.

People's wisdom and power, the more great things to collect.

차

千金買笑

일천 천 쇠 금 살 매 웃을 소

千金을 주고 微笑를 사다.

Bought for a thousand pounds to give you a smile.

성경 말씀

시 37:4 또 여호와를 기뻐하라 저가 네 마음의 所願을 이루어 주시리로다

Take delight in the LORD, and he will give you the desires of your heart.

빌 4:4 主 안에서 恒常 기뻐하라 내가 다시 말하노니 기뻐하라

Rejoice in the Lord always; again I will say, Rejoice.

살전 5:16 恒常 기뻐하라

Rejoice always.

좋은 글

안에서 언제나 變함없이 즐거워하라.

Invariable the Lord rejoice.

創造主

비롯할 **창** 지을 **조** 주인 **주**

創造主 하나님은 全知全能 無所不在하신 救援의 能力者.
God almighty cell.

성경 말씀

습 3:17 너의 하나님 여호와가 너의 가운데 계시니 그는 救援을 베푸실 全能者시라 그가 너로 인하여 기쁨을 이기지 못하시며 너를 잠잠히 사랑하시며 너로 말미암아 즐거이 부르며 기뻐하시리라 하리라
The LORD your God is with you, he is mighty to save. He will take great delight in you, he will quiet you with his love, he will rejoice over you with singing."

벧전 4:19 그러므로 하나님의 뜻대로 苦難을 받는 者들은 또한 善을 行하는 가운데에 그 靈魂을 미쁘신 創造主께 依託할지어다
So then, those who suffer according to God's will should commit themselves to their faithful Creator and continue to do good.

좋은 글

모든 能力이 하나님, 위로부터 오는 것임을 알고 더욱 謙虛하며 아버지를 依支하게 하소서.
All the humility that comes from God, heaven knows more, and the ability to rely on his father.

千慮一得

일천 천 생각할 려 한 일 얻을 득

千 番을 생각하여 한 가지를 얻는다.

바보도 한 가지쯤은 좋은 생각이 있다.

Think a thousand times to get one.

Fools think there is one kind of good about the mean.

성경 말씀

잠 15:33 여호와를 敬畏하는 것은 智慧의 訓戒라 謙遜은 尊貴의 앞잡이니라

The fear of the LORD is instruction in wisdom, and humility goes before honor.

빌 2:3 아무 일에든지 다툼이나 虛榮으로 하지 말고 오직 謙遜한 마음으로 各各 自己보다 남을 낫게 여기고

The fear of the LORD teaches a man wisdom, and humility comes before honor.

좋은 글

男女老少 貧富貴賤 어떤 사람이든지 한 가지 배울 점은 있다.

That is one kind of men and women, old and young, rich or poor morganatic any man to learn.

千慮一得

일천 **천** 생각할 **려** 한 **일** 얻을 **득**

바보도 한 가지쯤은 좋은 생각이 있다.
Fool about is a good idea.

성경 말씀

창 9:6 다른 사람의 피를 흘리면 그 사람의 피도 흘릴 것이니 이는 하나님이 自己 形像대로 사람을 지으셨음이니라
Whoever sheds the blood of man, by man shall his blood be shed; for in the image of God has God made man.

막 9:35 예수께서 앉으사 열두 제자를 불러서 이르시되 누구든지 첫째가 되고자 하면 뭇 사람의 끝이 되며 뭇 사람을 섬기는 자가 되어야 하리라 하시고
Sitting down, Jesus called the Twelve and said, "If anyone wants to be first, he must be the very last, and the servant of all."

좋은 글

누구에게나 배울 점은 있다. 사람을 貴히 여기고 배우려는 姿勢로 사는 것이 尊敬받는 사람의 길이다.
You can learn a thing to anyone. The attitude to live honorable people to think and learn is the way of the people respected.

天路歷程

하늘 **천** 길 **로** 지낼 **역** 과정 **정**

天國을 向해 가는 巡禮者의 旅程.
Pilgrim's Progress

성경 말씀

시 119:71,72 苦難當한 것이 내게 有益이라 이로 말미암아 내가 主의 律例들을 배우게 되었나이다 主의 입의 法이 千千 金銀보다 좋으니이다
It is good for me that I was afflicted, That I may learn Your statutes. The law of Your mouth is better to me Than thousands of gold and silver pieces.

마 7:21 나더러 主여 주여 하는 者마다 다 天國에 들어갈 것이 아니요 다만 하늘에 계신 내 아버지의 뜻대로 行하는 者라야 들어가리라
Not everyone who says to me, 'Lord, Lord,' will enter the kingdom of heaven, but only the one who does the will of my Father in heaven.

좋은 글

『천로역정』(天路歷程, Pilgrim's Progress), 영국의 작가 존 버니언이 쓴 종교 우화소설(1678년).
선자(善者)의 인생 역정을 상징적으로 보여 주는 이 작품은 한때 성서에 버금가는 인기를 누렸다. 한 그리스도 교도가 파멸의 도시에서 거룩한 성 예루살렘으로 여행하는 제1부(1678)는 꿈으로 나타난다. 구원에 이르기 위한 그의 몸부림이 제1부의 거의 모든 부분을 차지하고 있기는 하지만, 이와 상반되는 속성들이 전혀 등장하지 않는 것은

아니다. 수수하면서도 위엄 있는 성서 문체로 쓰여진 이 작품은 몇 가지 측면에서 민담의 특성을 지니고 있다. 그리고 세상 물정에 밝은 이(Wise man), 신앙심이 깊은 이(Faithful), 전도 유망한 젊은이(Hopeful), 고분고분한 이(Pliant), 고집이 센 이(Obstinate)에 대한 사실적인 묘사와 유머는 18세기의 소설을 예견하게 한다. 그리스도 교도인 아내와 아들들이 그와 합류하려고 애쓰는 모습을 그린 제2부(1684년)는 심리적인 긴장감은 제1부만 못 하지만 유머와 사실적 관찰 면에서는 더 돋보인다. 그리스도 교도가 먼저 길을 닦아 놓은 까닭에 그의 가족은 한결 편하게 여행하며, 겁쟁이 부인(Much-afraid)이나 우유부단한 이(Ready-to-halt) 같은 길동무들까지도 무사히 목적지에 도착한다.

우리에게 너무나 잘 알려진 불후의 명작 『천로역정』은 감옥에서 기록된 책이지만 대단한 영향을 끼쳐 왔다. 『천로역정』은 그가 생을 마감한 해인 1688년에는 웨일즈어로, 1682년에는 네덜란드어로, 1703년에는 독일어로, 1685년에는 불어로 번역되었다. 번연의 세계는 세대가 지남에 따라서 급속도로 늘어나 『천로역정』은 112개의 다른 나라 말과 방언으로 번역되기에 이르렀다.

天佑神助

하늘 **천** 도울 **우** 귀신 **신** 도울 **조**

하늘의 도움과 神의 도움이란 말로 사람의 힘으로 不可能한 것을 하늘과 하나님의 도우심으로 可能하게 된다는 뜻이다.

God's help and the help of heaven is impossible to force people's words and God's help in heaven means that is possible.

성경 말씀

수 4:24 이는 땅의 모든 百姓으로 여호와의 손이 能하심을 알게 하며 너희로 너희 하나님 여호와를 永遠토록 敬畏하게 하려 하심이라 하라

So that all the peoples of the earth may know that the hand of the LORD is mighty, and so that you may fear the LORD your God forever.

빌 1:19 이것이 너희의 懇求와 예수 그리스도의 聖靈의 도우심으로 나를 救援에 이르게 할 줄 아는 고로

For I know that this will turn out for my deliverance through your prayers and the provision of the Spirit of Jesus Christ,

좋은 글

盡人事待天命이란 말처럼 사람이 꿈을 가지고 最善을 다해도 하늘의 도움 없이는 안 되는 일이 있다.

Person committed to waiting for the end of the will of heaven is like a man with a dream without the help of the best of heaven should not happen.

天恩罔極

하늘 천 은혜 은 그물 망 다할 극

하늘의 은혜가 끝이 없다.

The grace of heaven there is no end.

성경 말씀

신 1:33 그는 너희보다 먼저 그 길을 가시며 帳幕 칠 곳을 찾으시고 밤에는 불로, 낮에는 구름으로 너희가 갈 길을 指示하신 者이시니라

Who went ahead of you on your journey, in fire by night and in a cloud by day, to search out places for you to camp and to show you the way you should go.

롬 3:24 그리스도 예수 안에 있는 贖良으로 말미암아 하나님의 恩惠로 값없이 義롭다 하심을 얻은 者 되었느니라

they are now justified by his grace as a gift, through the redemption

that is in Christ Jesus.

좋은 글

不評이 일 때 그 恩惠를 記憶하자.

Happen when you have a complaint, remember that grace.

疑心의 바다를 건너라.

Let's get out of the valley of the doubt.

徹頭徹尾

통할 **철** 머리 **두** 통할 **철** 꼬리 **미**

처음부터 끝까지 철저하게.

Thoroughly from beginning to end.

성경 말씀

히 3:14 우리가 始作할 때에 確實한 것을 끝까지 堅固히 잡고 있으면 그리스도와 함께 參與한 者가 되리라

We have come to share in Christ if we hold firmly till the end the confidence we had at first.

계 2:26 이기는 者와 끝까지 내 일을 지키는 그에게 萬國을 다스리는 權勢를 주리니

To him who overcomes and does my will to the end, I will give authority over the nations.

좋은 글

龍頭蛇尾 人生은 슬픈 人生이다.

Began greatly diminishes end life is a sad life.

鐵石肝腸

쇠 **철** 돌 **석** 간 **간** 창자 **장**

철이나 돌과 같은 肝과 창자 즉, 굳고 단단한 마음.

Liver, intestine, such as iron or stone.

Stiff and rigid mind.

성경 말씀

사 26:3 主께서 心志가 堅固한 者를 平康하고 平康하도록 지키시리니 이는 그가 주를 信賴함이니이다

The steadfast of mind You will keep in perfect peace, Because he trusts in You.

롬 4:20 믿음이 없어 하나님의 約束을 疑心하지 않고 믿음으로 堅固하여져서 하나님께 榮光을 돌리며

With respect to the promise of God, he did not waver in unbelief but grew strong in faith, giving glory to God.

좋은 글

心志가 굳은 사람은 世上을 有益하게 한다.

좋은 信仰도 心志가 굳은 信仰이다.

The world needs people who are made of sterner stuff

Good faith, faith is made of sterner stuff.

鐵石肝腸

쇠 **철** 돌 **석** 간 **간** 창자 **장**

철이나 돌과 같은 간과 창자. 매우 단단한 志操를 가리키는 말

As iron or stone, liver and intestines.

석경 말씀

사 41:10 두려워하지 말라 내가 너와 함께 함이라 놀라지 말라 나는 네 하나님이 됨이라 내가 너를 굳세게 하리라 참으로 너를 도와 주리라 참으로 나의 의로운 오른손으로 너를 붙들리라

Do not fear, for I am with you; Do not anxiously look about you, for I am your God I will strengthen you, surely I will help you, Surely I will uphold you with My righteous right hand.

골 2:5 이는 내가 육신으로는 떠나 있으나 심령으로는 너희와 함께 있어 너희가 질서 있게 행함과 그리스도를 믿는 너희 믿음이 굳건한 것을 기쁘게 봄이라

For even though I am absent in body, nevertheless I am with you in spirit, rejoicing to see your good discipline and the stability of your faith in Christ.

좋은 글

믿음의 意志와 굳고 단단한 마음으로 每事를 돌볼 때 亨通의 福을 누리게 된다.

When you do all the work of faith, determination and firm and solid, you will enjoy the blessings of prosperity.

青雲之志

푸를 청 구름 운 갈 지 뜻 지

푸른 구름의 뜻을 품는다. 큰 뜻을 품다.

Blue clouds will be. Ambition to take.

성경 말씀

출 9:16 내가 너를 세웠음은 나의 能力을 네게 보이고 내 이름이 온 天下에 傳播되게 하려 하였음이니라.

But, indeed, for this reason I have allowed you to remain, in order to show you My power and in order to proclaim My name through all the earth.

눅 1:49 能하신 이가 큰일을 내게 行하셨으니 그 이름이 거룩하시며.

for the Mighty One has done great things for me, and holy is his name.

좋은 글

나의 使命 大義名分은 神人合一 滿天下 創造主 宣布이다.

이 靑雲之志의 뜻을 天下萬民에게 펼친다.

God and one person has been my mission and the cause is to inform the world of the Creator God. Expand a big meaning to the peoples of the whole world.

靑出於藍

푸를 청 날 출 어조사 어 쪽 람

스승보다 나은 弟子.

Great disciple than the teacher

성경 말씀

느 7:2 내 아우 하나니와 營門의 官員 하나냐로 함께 예루살렘을 다스리게 하였는데 하나냐는 偉人이 忠誠되어 하나님을 敬畏함이 무리에서 뛰어난 자라

I put Hanani my brother, and Hananiah the commander of the fortress, in charge of Jerusalem, for he was a faithful man and feared God more than many.

요 14:12 내가 眞實로 眞實로 너희에게 이르노니 나를 믿는 者는 내가 하는 일을 그도 할 것이요 또한 그보다 큰일도 하리니 이는 내가 아버지께로 감이라

"Truly, truly, I say to you, he who believes in Me, the works that I do, he will do also; and greater works than these he will do; because I go to the Father.

좋은 글

靑出於藍으로 大業完遂.

Better mentor than a disciple means to achieve.

初志一貫

처음 **초** 뜻 **지** 한 **일** 뀔 **관**

처음 먹은 마음을 끝까지 밀고 나아감.

Access by pushing the end of the first ate mind.

성경 말씀

계 2:4,5 그러나 너를 責望할 것이 있나니 너의 처음 사랑을 버렸느니라 그러므로 어디서 떨어진 것을 생각하고 悔改하여 처음 行爲를 가지라 萬一 그리하지 아니하고 悔改하지 아니하면 내가 네게 가서 네 촛대를 그 자리에서 옮기리라

Yet I hold this against you: You have forsaken your first love. Remember the height from which you have fallen! Repent and do the things you did at first. If you do not repent, I will come to you and remove your lampstand from its place.

계 22:13 나는 알파와 오메가요 처음과 마지막이요 始作과 마침이라

I am the Alpha and the Omega, the first and the last, the beginning and the end.

좋은 글

龍頭蛇尾 人生은 失敗한 人生이다.

初志一貫 有終至美가 아름다운 것이다.

Failed start, but greatly diminishes ending life is life. Will be held until the end of the first ate mind to get stunning results and beautiful.

忠言逆耳

충성 **충** 말씀 **언** 거스를 **역** 귀 **이**

忠告하는 말은 귀에 거슬린다.

Advice loyal to the end is harsh to the ear.

성경 말씀

눅 17:3 너희는 스스로 操心하라 만일 네 兄弟가 罪를 犯하거든 警告하고 悔改하거든 容恕하라

Be on your guard! If another disciple sins, you must rebuke the offender, and if there is repentance, you must forgive.

고전 8:9 그런즉 너희의 自由가 믿음이 弱한 者들에게 걸려 넘어지게 하는 것이 되지 않도록 操心하라

But take care that this liberty of yours does not somehow become a stumbling block to the weak.

고전 10:12 그런즉 선 줄로 생각하는 자는 넘어질까 操心하라

Therefore let him who thinks he stands take heed that he does not fall.

좋은 글

충고에는 반드시 사랑을 담아라.

Let the love advice.

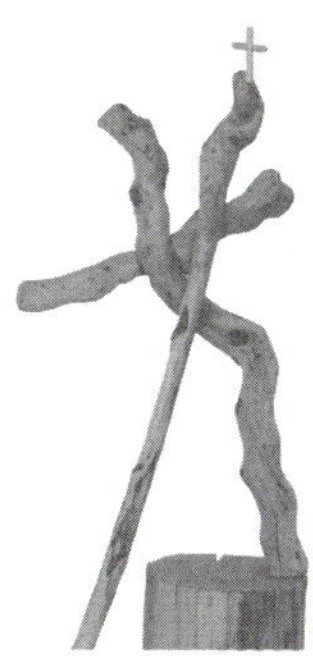

醉生夢死

취할 **취** 날 **생** 꿈 **몽** 죽을 **사**

술에 醉한 듯 꿈을 꾸는 듯 살다가 죽음.
Lived like a dream like drunken dead.

성경 말씀

호 6:3 그러므로 우리가 여호와를 알자 힘써 여호와를 알자 그의 나오심은 새벽 빛같이 一定하니 비와 같이, 땅을 적시는 늦은 비와 같이 우리에게 臨하시리라 하리라
So let us know, let us press on to know the LORD His going forth is as certain as the dawn; And He will come to us like the rain, Like the spring rain watering the earth.

벧후 1:10 그러므로 兄弟들아 더욱 힘써 너희 부르심과 擇하심을 굳게 하라 너희가 이것을 行한즉 언제든지 失足하지 아니하리라
Therefore, brethren, be all the more diligent to make certain about His calling and choosing you; for as long as you practice these things, you will never stumble.

좋은 글

사람은 누구나 소중한 價値를 지니고 태어났다. 그러므로 아무 의미 없이 한평생을 흐리멍텅하게 살다가 끝나서는 안 된다. 自己 存在의 소중함을 알고 自我啓發과 이웃 사랑에 힘써야 한다.
Anyone who has valuable was born. Therefore no means lived a rough life, not ending. Know of the existence of self-importance and self-development, and strive to love of neighbor.

七顚八起

일곱 **칠** 꼭데기 **전** 여덟 **팔** 일어날 **기**

여러 번 失敗해도 屈하지 않고 努力함.

Failure times even stand up without giving battle again.

Several times without failure of oyster blend.

성경 말씀

잠 24:16 大抵 義人은 일곱 番 넘어질지라도 다시 일어나려니와 惡人은 災殃으로 말미암아 엎드러지느니라

For a righteous man falls seven times, and rises again, But the wicked stumble in time of calamity.

빌 4:6 아무것도 念慮하지 말고 오직 모든 일에 祈禱와 懇求로, 너희 救할 것을 感謝함으로 하나님께 아뢰라

Do not be anxious about anything, but in everything, by prayer and petition, with thanksgiving, present your requests to God.

좋은 글

失敗하고 再挑戰하지 않는 것은 完全한 失敗가 된다.

Failure is a complete failure and does not challenge again.

快刀亂麻

쾌할 쾌 칼 도 어지러울 난 삼 마

잘 드는 칼로 헝클어진 삼 가닥을 자른다.
Sunny burlap strands of matted knife cuts.
어지럽게 뒤섞인 事物을 明快하게 處理한다.
Clearly a dizzying mix of things.

성경 말씀

왕상 3:9 누가 主의 이 많은 百姓을 裁判할 수 있사오리이까 智慧로운 마음을 종에게 주사 주의 百姓을 裁判하여 善惡을 分別하게 하옵소서
So give Your servant an understanding heart to judge Your people to discern between good and evil. For whom is able to judge this great people of Yours.

마 5:37 오직 너희 말은 옳다 옳다 아니라 아니라 하라 이에서 지나는 것은 惡으로부터 나느니라
Let your word be 'Right, Right' or 'No, No'; anything more than this comes from the evil one.

좋은 글

복잡하고 어지러운 世上에서 勝利하려면 明快하고 맑은 精神을 維持해야 한다.
To win in the complicated and messy world, you must maintain a clear and sober.

타

泰山北斗

클 **태** 메 **산** 북녘 **북** 별자리 **두**

泰山과 北斗七星을 가리키는 말, 남에게 尊敬받는 뛰어난 人物.

Superior to others respected figures.

성경 말씀

삼하 7:9 네가 어디를 가든지 내가 너와 함께 있어 네 모든 對敵을 네 앞에서 滅하였은즉 世上에서 尊貴한 者의 이름같이 네 이름을 尊貴케 만들어 주리라

and I have been with you wherever you went, and have cut off all your enemies from before you; and I will make for you a great name, like the name of the great ones of the earth.

사 32:8 尊貴한 者는 尊貴한 일을 計劃하나니 그는 恒常 尊貴한 일에 서리라

But the noble man makes noble plans, and by noble deeds he stands.

좋은 글

하나님이 세우신 사람은 그 생각에서부터 尊貴한 사람이다.

Is instituted by God, the thinking from honor.

太平聖代

클 **태** 다스릴 **평** 성인 **성** 대신할 **대**

어진 군주가 다스리는 태평한 시대.
reign of peace

성경 말씀

삼하 5:10 만군의 하나님 여호와께서 함께 계시니 다윗이 점점 강성하여 가니라
And David became greater and greater, for the LORD, the God of hosts was with him.

행 10:38 하나님이 나사렛 예수에게 성령과 능력을 기름 붓듯 하셨으매 그가 두루 다니시며 선한 일을 행하시고 마귀에 눌린 모든 사람을 고치셨으니 이는 하나님이 함께 하셨음이라
how God anointed Jesus of Nazareth with the Holy Spirit and with power; how he went about doing good and healing all who were oppressed by the devil, for God was with him.

좋은 글

태평성대는 하나님이 계신 곳에서만 이루어진다.
Which God made only where the reign of peace.

破顏大笑

깨뜨릴 **파** 얼굴 **안** 큰 **대** 웃을 **소**

파

얼굴에 매우 즐거운 표정을 지어 크게 한바탕 웃음.

A very pleasant look on his face, were built largely bout of laughter.

성경 말씀

전 9:9 네 헛된 平生의 모든 날 곧 하나님이 해 아래서 네게 주신 모든 헛된 날에 사랑하는 아내와 함께 즐겁게 살지어다 이는 네가 一平生에 해 아래서 수고하고 얻은 分福이니라

Enjoy life with the woman whom you love all the days of your fleeting life which He has given to you under the sun; for this is your reward in life and in your toil in which you have labored under the sun.

빌 4:4 主 안에서 恒常 기뻐하라 내가 다시 말하노니 기뻐하라

Rejoice in the Lord always; again I will say, Rejoice.

좋은 글

暫時 사는 世上 塞翁之馬(人生의 變化가 많아 吉凶禍福을 豫測할 수 없다)의 意味를 되새기며 즐겁게 살자.

Moment live in a world of life, many changes, good and bad, is the fact that you can not predict anger and blessing engrave entertain and live.

破竹之勢

깨뜨릴 **파** 대나무 **죽** 갈 **지** 형세 **세**

勢力이 强하여져서 막을 수 없는 形局.

(敵을 거침없이 물리치고 쳐들어가는 堂堂한 氣勢)

Unstoppable forces will be overpowering and unrealistic situation.

성경 말씀

삿 5:31 여호와여 主의 怨讐들은 다 이와 같이 亡하게 하시고 主를 사랑하는 者들은 해가 힘 있게 돋음 같게 하시옵소서 하니라 그 땅이 四十年 동안 平穩하였더라

Thus let all Your enemies perish, O LORD; But let those who love Him be like the rising of the sun in its might." And the land was undisturbed for forty years.

히 2:14 子女들은 血과 肉에 屬하였으매 그도 또한 같은 模樣으로 血과 肉을 함께 지니심은 죽음을 通하여 죽음의 勢力을 잡은 者 곧 魔鬼를 滅하시며

Since, therefore, the children share flesh and blood, he himself likewise shared the same things, so that through death he might destroy the one who has the power of death, that is, the devil.

좋은 글

主님이 함께하실 때 해처럼 빛나는 삶을 살 수 있다.

Lord be with you when the sunshines like a life to live.

烹頭耳熟

삶을 **팽** 머리 **두** 귀 **이** 익을 **숙**

重要한 것을 解決하면 나머지는 따라서 解決된다.

So just solve the rest of the critical resolved.

성경 말씀

사 58:11 여호와가 너를 恒常 引導하여 마른 곳에서도 네 靈魂을 滿足하게 하며 네 뼈를 堅固하게 하리니 너는 물 댄 동산 같겠고 물이 끊어지지 아니하는 샘 같을 것이라

The LORD will continually guide you, And satisfy your desire in scorched places, And give strength to your bones; And you will be like a watered garden, And like a spring of water whose waters do not fail.

마 6:33 너희는 먼저 그의 나라와 그의 義를 求하라 그리하면 이 모든 것을 너희에게 더하시리라

But strive first for the kingdom of God and his righteousness, and all these things will be given to you as well.

좋은 글

靈魂이 잘 되면 凡事가 잘 된다.

Everything is better when the spirit is good.

表裏不同

겉 **표** 속 **리** 아니 **불** 한가지 **동**

겉과 속이 다름.

Outside cheat difference.

성경 말씀

마 23:13 禍 있을진저 外飾하는 書記官들과 바리새인들이여 너희는 天國 門을 사람들 앞에서 닫고 너희도 들어가지 않고 들어가려 하는 者도 들어가지 못하게 하는도다

But woe to you, scribes and Pharisees, hypocrites, because you shut off the kingdom of heaven from people; for you do not enter in yourselves, nor do you allow those who are entering to go in.

딤전 4:2 自己 良心이 火印을 맞아서 外飾함으로 거짓말하는 자들이라

Through the hypocrisy of liars whose consciences are seared with a hot iron.

좋은 글

겉과 속이 다름 사람과의 友情은 오래가지 못한다.

사랑도 믿음도 外飾的이어서는 하나님께 認定받지 못한다.

The difference between the outside and hollow friendship does not last long. Love the outside and hollow other faith, if God can not be recognized.

風樹之歎

바람 풍 나무 수 갈 지 탄식할 탄

어버이가 돌아가시어 孝道하고 싶어도 할 수 없는 슬픔.

Can not want to filial piety and parental go back to sadness.

성경 말씀

신 5:16 너는 너의 하나님 여호와의 命한 대로 네 父母를 恭敬하라 그리하면 너의 하나님 여호와가 네게 준 땅에서 네가 生命이 길고 福을 누리리라

Honor your father and your mother, as the lord your God has commanded you, that your days may be prolonged and that it may go well with you on the land which the LORD your God gives you.

엡 6:2 네 아버지와 어머니를 恭敬하라 이것은 約束이 있는 첫 誡命이니

Honor your father and mother which is the first commandment with a promise.

좋은 글

機會는 머리만 있고 꼬리는 없다는 말처럼 지나고 後悔할 일을 하지 않도록 때를 놓치지 않아야 한다.

Miss when you do not like a story, not regret passing opportunity to the head and tail should be.

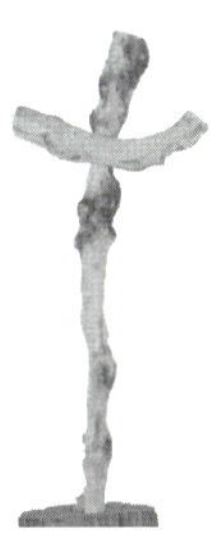

必有曲折

반드시 **필** 있을 **유** 굽을 **곡** 꺾어질 **절**

모든 일에는 반드시 原因이 있음.

Is the cause for everything.

성경말씀

삼상 17:29 다윗이 가로되 내가 무엇을 하였나이까 어찌 理由가 없으리이까 하고

David said, "What have I done now? It was only a question."

요일 3:12 가인같이 하지 말라 그는 惡한 者에게 屬하여 그 아우를 죽였으니 어떤 理由로 죽였느냐 自己의 行爲는 惡하고 그의 아우의 行爲는 義로움이라

Not as Cain, who was of the evil one and slew his brother And for what reason did he slay him? Because his deeds were evil, and his brother's were righteous.

좋은글

핑계 없는 무덤은 없다' 라는 말처럼 모든 問題에는 반드시 原因이 있으므로 그 原因을 잘 찾으면 좋은 結果를 얻을 수 있다.

Not 'terribly sorry' as saying finds good cause, the cause of all the problems, so you can get the results.

鶴首苦待

학 **학** 머리 **수** 쓸 **고** 기다릴 **대**

몹시 애타게 기다림. 학의 머리처럼 목이 빠져라 기다린다는 말.
Terribly anxiously waiting.

성경 말씀

시 37:7 여호와 앞에 潛潛하고 참고 기다리라 自己 길이 亨通하며 惡한 꾀를 이루는 者를 때문에 不評하지 말지어다.
Rest in the Lord and wait patiently for Him; Do not fret because of him who prospers in his way, Because of the man who carries out wicked schemes.

유 1:21 하나님의 사랑 안에서 自身을 지키며 永生에 이르도록 우리 主 예수 그리스도의 矜恤을 기다리라
Keep yourselves in the love of God, waiting anxiously for the mercy of our Lord Jesus Christ to eternal life.

좋은 글

기다림 속에서 얻은 사랑은 高貴한 것이다.
Love is noble. Gained waiting in.

恒常祈禱

항상 **항** 항상 **상** 빌 **기** 빌 **도**

恒常 祈禱한다.

Always stay awake to pray

성경 말씀

잠 15:8 惡人의 祭祀는 여호와께서 미워하셔도 正直한 자의 祈禱는 그가 기뻐하시느니라

The sacrifice of the wicked is an abomination to the LORD, but the prayer of the upright is his delight.

약 5:15 믿음의 祈禱는 病든 자를 救援하리니 主께서 그를 일으키시리라 혹시 罪를 犯하였을지라도 赦하심을 받으리라

The prayer of faith will save the sick, and the Lord will raise them up; and anyone who has committed sins will be forgiven.

골 4:2 祈禱를 繼續하고 祈禱에 感謝함으로 깨어 있으라

Devote yourselves to prayer, keeping alert in it with thanksgiving.

좋은 글

靈的 리더십은 늘 祈禱하는 데 있다.

Spiritual leadership is to continue to pray.

Always stay awake to pray with gratitude constantly.

The training will be beneficial in all respects

Continue to pray that will be beneficial to the spiritual

恒常臨齋

항상 **항** 항상 **상** 임할 **임** 재개할 **재**

언제나 함께하다.

Always put together. life.

성경 말씀

대하 7:16 이는 내가 이미 이 聖殿을 擇하고 거룩하게 하여 내 이름으로 여기 永遠히 있게 하였음이라 내 눈과 내 마음이 恒常 여기 있으리라

For now I have chosen and consecrated this house so that my name may be there forever; my eyes and my heart will be there for all time.

마 28:20 내가 너희에게 分付한 모든 것을 가르쳐 지키게 하라 볼지어다 내가 世上 끝날까지 너희와 恒常 함께 있으리라 하시니라

And teaching them to obey everything that I have commanded you. And remember, I am with you always, to the end of the age.

좋은 글

하나님과 언제나 함께하는 것은 최고의 삶을 사는 비결이다.

Together with God, it is always best to buy the secret of

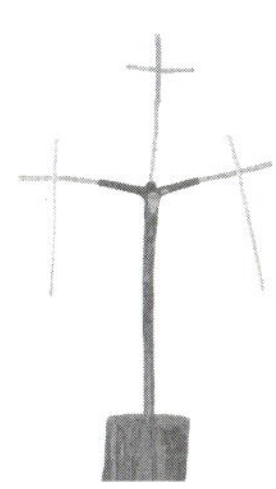

偕老同穴

함께 **해** 늙을 **노** 한가지 **동** 구멍 **혈**

夫婦 사이가 和睦하다.

To the couple reconciled.

성경 말씀

창 2:24 이러므로 男子가 父母를 떠나 그 아내와 合하여 둘이 한 몸을 이룰지로다

Therefore a man leaves his father and his mother and clings to his wife, and they become one flesh.

고전 7:4 아내는 自己 몸을 主張하지 못하고 오직 그 男便이 하며 男便도 그와 같이 自己 몸을 主張하지 못하고 오직 그 아내가 하나니

The wife's body does not belong to her alone but also to her husband. In the same way, the husband's body does not belong to him alone but also to his wife.

좋은 글

夫婦가 한 곳을 바라보면 언제나 幸福할 수 있다.
그곳이 天國이라면 어떤 어려움도 함께 克復할 수 있다.

A look at where the couple can always be happy.
If there is any difficulty with the heaven can be overcome.

享福無疆

누릴 **향** 복 **복** 없을 **무** 지경 **강**

덕을 쌓아 끝없이 많은 복을 누린다.

Enjoy endless pile blessed virtue.

성경 말씀

대상 4:10 야베스가 이스라엘 하나님께 아뢰어 이르되 主께서 내게 福에 福을 주시려거든 나의 地域을 넓히시고 主의 손으로 나를 도우사 나로 患難을 벗어나 내게 근심이 없게 하옵소서 하였더니 하나님이 그가 求하는 것을 許諾하셨더라

Jabez called on the God of Israel, saying, "Oh that you would bless me and enlarge my border, and that your hand might be with me, and that you would keep me from hurt and harm!" And God granted what he asked.)

히 6:14 이르시되 내가 반드시 너에게 복 주고 복 주며 너를 번성하게 하고 번성하게 하리라 하셨더니

saying, "I will surely bless you and multiply you."

좋은 글

덕(德)을 닦으면 향복무강(享福無疆)하리라. 김수장(金壽長,1690년~ ?)

공명(功名)에 눈 뜨지 말며 부귀(富貴)에 심동(心動) 말라
인생궁달(人生窮達)이 하늘에 매였으니
평생(平生)에 덕(德)을 닦으면 향복무강(享福無疆)하리라.

虛氣平心

빌 **허** 기운 **기** 평평할 **평** 마음 **심**

뻗어나가는 氣運을 가라앉히고 마음의 平安을 가지다.

Aura emanating peace of mind that you are beating subsided.

성경 말씀

시 89:9 主께서 바다의 波濤를 다스리시며 그 波濤가 일어날 때에 잔잔케 하시나이다

You rule the raging of the sea; when its waves rise, you still them.

눅 10:5 어느 집에 들어가든지 먼저 말하되 이 집이 평안할지어다 하라

Whatever house you enter, first say, 'Peace to this house!'

좋은 글

天國은 平和와 사랑이 있는 곳이다.

The kingdom of heaven is a place where love and peace.

形像回復

모양 **형** 형상 **상** 돌 **회** 돌아올 **복**

하나님의 形像을 回復하자.
Let's restore the image of God

성경 말씀

창 1:26, 27 하나님이 이르시되 우리의 形像을 따라 우리의 模樣대로 우리가 사람을 만들고 그들로 바다의 물고기와 하늘의 새와 家畜과 온 땅과 땅에 기는 모든 것을 다스리게 하자 하시고 하나님이 自己 形像 곧 하나님의 形像대로 사람을 創造하시되 男子와 女子를 創造하시고
God said, "Let Us make man in Our image, according to Our likeness; and let them rule over the fish of the sea and over the birds of the sky and over the cattle and over all the earth, and over every creeping thing that creeps on the earth." God created man in His own image, in the image of God He created him; male and female He created them.

히 10:20 그 길은 우리를 위하여 휘장 가운데로 열어 놓으신 새로운 살 길이요 휘장은 곧 그의 육체니라
By the new and living way that he opened for us through the curtain (that is, through his flesh).

좋은 글

創造主 하나님을 닮아 가는 것은 天國을 向해 가는 길이다.
To be like God the Creator of Heaven on his way towards.

螢雪之功

개똥벌레 **형** 눈 **설** 갈 **지** 공 **공**

熱心히 努力하여 보람 있는 結果를 얻는다.
Rewarding to work hard and get results.

성경 말씀

전 12:1 너는 靑年의 때 곧 困苦한 날이 이르기 前, 나는 아무 樂이 없다고 할 해가 가깝기 前에 너의 創造者를 記憶하라
Remember also your Creator in the days of your youth, before the evil days come and the years draw near when you will say, "I have no delight in them".

계 3:19 무릇 내가 사랑하는 者를 責望하여 懲戒하노니 그러므로 네가 熱心을 내라 悔改하라
Those whom I love, I reprove and discipline; therefore be zealous and repent.

좋은 글

誠實하게 사는 사람이 눈물 흘리지 않고, 努力한 만큼 얻을 수 있는 좋은 世上이 되었으면 좋겠다.
Not shed a tear a person living with integrity, hard work can get as much as I hope we have a good world.

好事多魔

좋을 **호** 일 **사** 많을 **다** 마귀 **마**

좋은 일에 妨害되는 일이 생김.

Happens, that is a good thing to interfere.

성경 말씀

신 6:12 너는 操心하여 너를 애굽 땅 종 되었던 집에서 引導하여 내신 여호와를 잊지 말고

Take care that you do not forget the LORD, who brought you out of the land of Egypt, out of the house of slavery.

엡 5:15,16 그런즉 너희가 어떻게 行할 지를 仔細히 注意하여 智慧 없는 者같이 말고 오직 智慧 있는 者같이 하여 歲月을 아끼라 때가 惡하니라

Be careful then how you live, not as unwise people but as wise, making the most of the time, because the days are evil.

좋은 글

좋은 일이 있으면 나쁜 일도 있을 수 있다 恒常 操心하여 나쁜 일에도 잘 對處하자.

If good things, bad things, bad things can be always be careful and let's cope.

昊天罔極

하늘 **호** 하늘 **천** 없을 **망** 다할 **극**

끝없는 하늘과 같이 부모의 은공은 끝이 없다.
As a parent of an endless sky and endless grace and love.

성경 말씀

룻 1:16 룻이 가로되 나로 어머니를 떠나며 어머니를 따르지 말고 돌아가라 强勸하지 마옵소서 어머니께서 가시는 곳에 나도 가고 어머니께서 留宿하시는 곳에서 나도 留宿하겠나이다 어머니의 百姓이 나의 百姓이 되고 어머니의 하나님이 나의 하나님이 되시리니
But Ruth said, "Do not urge me to leave you or to turn back from following you! Where you go, I will go; Where you lodge, I will lodge; your people shall be my people, and your God my God.

요 19:27 또 그 弟子에게 이르시되 보라 네 어머니라 하신대 그때부터 그 弟子가 自己 집에 모시니라
Then he said to the disciple, "Here is your mother." And from that hour the disciple took her into his own home.

좋은 글

父母 없이 어찌 내가 있을꼬, 어머니 祈禱 없이 어찌 내가 설 수 있었을꼬. 사랑하는 어머니.
Why do I have to be twisted without parents, without a mother's prayer twist, why I could stand.
Loving mother.

魂飛魄散

넋 혼 날 비 넋 백 흩을 산

몹시 놀라서 精神을 잃음.

Amazement mental loss badly.

성경 말씀

신 28:7 여호와께서 너를 對敵하기 爲해 일어난 敵國들을 네 앞에서 敗하게 하시리라. 그들이 한 길로 너를 치러 들어왔으나 네 앞에서 일곱 길로 逃亡하리라.

"The Lord shall cause your enemies who rise up against you to be defeated before you; they will come out against you one way and will flee before you seven ways.

행 19:16 惡鬼들린 사람이 그들에게 뛰어올라 눌러 이기니 그들이 傷하여 벗은 몸으로 그 집에서 逃亡하는지라.

And the man, in whom was the evil spirit, leaped on them and subdued all of them and overpowered them, so that they fled out of that house naked and wounded.

좋은 글

두려운 하나님이 아니라 언제나 親近하신 아버지이시기를 祈禱한다.

Awesome God, but always friendly Father,

pray for this period.

弘益人間

넓을 홍 더할 익 사람 인 사이 간

널리 人間 世上을 이롭게 한다.
Widespread benefit to the human world.

성경 말씀

롬 12:10 兄弟를 사랑하며 서로 友愛하고 尊敬하기를 서로 먼저 하며
Be devoted to one another in brotherly love; give preference to one another in honor

딤전 4:6 네가 이것으로 兄弟를 깨우치면 그리스도 예수의 좋은 일꾼이 되어 믿음의 말씀과 네가 따르는 좋은 敎訓으로 養育을 받으리라
If you put these instructions before the brothers and sisters, you will be a good servant of Christ Jesus, nourished on the words of the faith and of the sound teaching that you have followed.

요일 3:14 우리는 兄弟를 사랑함으로 死亡에서 옮겨 生命으로 들어간 줄을 알거니와 사랑하지 아니하는 자는 死亡에 머물러 있느니라
We know that we have passed from death to life because we love one another. Whoever does not love abides in death.

좋은 글

남을 이롭게 하는 것이 곧 自身을 이롭게 하는 것이다.
Soon be benefiting others to benefit themselves.

華胥之夢

빛날 **화** 서로 **서** 갈 **지** 꿈 **몽**

좋은 꿈.

Good dreams.

성경 말씀

전 5:3 일이 많으면 꿈이 생기고 말이 많으면 愚昧者의 소리가 나타나느니라

For the dream comes through much effort and the voice of a fool through many words.

행 2:17 하나님이 말씀하시기를 末世에 내가 내 靈을 모든 肉體에 부어 주리니 너희의 子女들은 豫言할 것이요 너희의 젊은이들은 幻想을 보고 너희의 늙은이들은 꿈을 꾸리라

And it shall be in the last days,' God says, 'that i will pour forth of my spirit on all mankind; and your sons and your daughters shall prophesy, and your young men shall see visions, and your old men shall dream dreams.

좋은 글

멋진 꿈은 그 사람을 아름답게 만든다.

A wonderful dream makes him beautifully.

어떤 생각을 따를 것인가?

There is dream nowhere. → There is dream now here.

There is dream no where.

花容月態

꽃 **화** 얼굴 **용** 달 **월** 모양 **태**

꽃다운 얼굴과 달 같은 姿態(미인의 모습).

Pose, such as flowers and the moon-like face (beauty of form).

성경 말씀

잠 31:30 고운 것도 거짓되고 아름다운 것도 헛되나 오직 여호와를 敬畏하는 女子는 稱讚을 받을 것이라

Charm is deceitful and beauty is vain, But a woman who fears the LORD, she shall be praised.

딤후 1:14 우리 안에 居하시는 聖靈으로 말미암아 네게 付託한 아름다운 것을 지키라

Guard, through the Holy Spirit who dwells in us, the treasure which has been entrusted to you.

좋은 글

靈魂이 아름다운 사람은 花容月態로다.

Beautiful soul who is as beautiful as a flower looks like the face of the moon.

和風暖陽

화합 **화** 바람 **풍** 따뜻할 **난** 볕 **양**

솔솔 부는 和暢한 바람과 따스한 햇볕.

Habit is blowing warm wind and sunny sun.

성경 말씀

요일 4:9 하나님의 사랑이 우리에게 이렇게 나타난 바 되었으니 하나님이 自己의 獨生子를 世上에 보내심은 그로 말미암아 우리를 살리려 하심이라

This is how God showed his love among us: He sent his one and only Son into the world that we might live through him.

유 1:21 하나님의 사랑 안에서 自身을 지키며 永生에 이르도록 우리 주 예수 그리스도의 矜恤을 기다리라

Keep yourselves in God's love as you wait for the mercy of our Lord Jesus Christ to bring you to eternal life.

좋은 글

人生의 봄날을 눈부셔서 포근히 감싸시니 感謝합니다.

Sat wrapped warm thank you for taking the life of springtime.

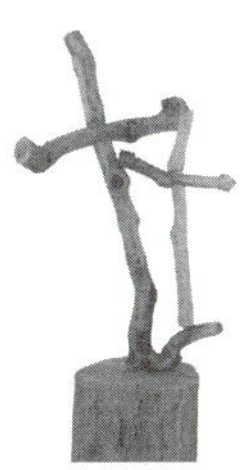

換骨奪胎

바꿀 **환** 뼈 **골** 빼앗을 **탈** 아이밸 **태**

사람이 前보다 훨씬 나아져 딴 사람처럼 되다.

Someone like someone else Better than ever before.

성경 말씀

겔 18:31 너희는 犯한 모든 罪惡을 버리고 마음과 靈을 새롭게 할지어다 이스라엘 族屬아 너희가 어찌하여 죽고자 하느냐

Cast away from you all your transgressions which you have committed and make yourselves a new heart and a new spirit! For why will you die, O house of Israel?

요 3:5 예수께서 對答하시되 眞實로 眞實로 네게 이르노니 사람이 물과 聖靈으로 나지 아니하면 하나님의 나라에 들어갈 수 없느니라

Jesus answered, "Very truly, I tell you, no one can enter the kingdom of God without being born of water and Spirit.

좋은 글

하늘 나라는 하나님을 아버지로 모신 變化된 새 사람들의 世界이다.

Dedicated to God the Father, the kingdom of heaven is the new people of the world changed.

換腐作新

바꿀 **환** 썩을 **부** 지을 **작** 새로울 **신**

낡은 것을 바꾸어 새 것으로 만들다.
Make a new one to replace the old.

성경 말씀

잠 27:25 풀을 벤 후에는 새로 움이 돋나니 山에서 꼴을 거둘 것이니라
When the grass disappears, the new growth is seen, And the herbs of the mountains are gathered in.

벧전 1:23 너희가 거듭난 것은 썩어질 씨로 된 것이 아니요 썩지 아니할 씨로 된 것이니 살아 있고 恒常 있는 하나님의 말씀으로 되었느니라
You have been born again not of seed which is perishable but imperishable, that is, through the living and enduring word of God.

좋은 글

낡은 것을 새 것으로 바꾸는 데는 犧牲과 수고가 따른다.
There are new ones to replace the old sacrifice and hard work that follows.

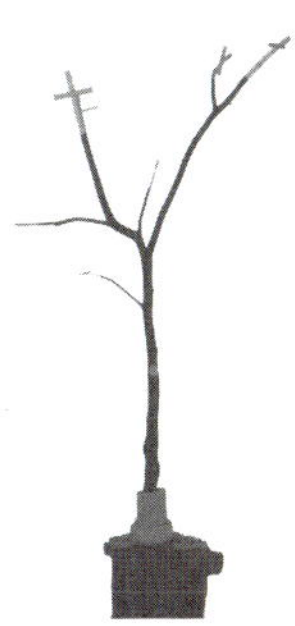

厚德君子

두터울 후 큰 덕 임금 군 아들 자

생각이나 言行이 德스럽고 점잖은 사람.

Thoughts or words are virtuous, decent people.

성경 말씀

삼하 5:10 萬軍의 하나님 여호와께서 함께 계시니 다윗이 漸漸 强盛하여 가니라

And David became greater and greater, for the LORD, the God of hosts, was with him.

계 19:8 그에게 빛나고 깨끗한 세마포 옷을 입도록 許諾하셨으니 이 세마포 옷은 聖徒들의 옳은 行實이로다 하더라

Fine linen, bright and clean, was given her to wear." (Fine linen stands for the righteous acts of the saints.

좋은 글

하나님과 함께하시는 사람은 亨通한 人生을 산다.

God is with people who live prosperous lives.

胸空火與氷

가슴 **흉** 빌 **공** 불 **화** 줄 **여** 얼음 **빙**

마음을 비우면 불길도 얼음처럼 식는다.

Emptying the heart grows icy flames

성경 말씀

시 51:10 하나님이여 내 속에 淨한 마음을 創造하시고 내 안에 正直한 靈을 새롭게 하소서

Create in me a clean heart, O God, and put a new and right spirit within me.

마 5:8 마음이 청결한 자는 복이 있나니 그들이 하나님을 볼 것임이요

Blessed are the pure in heart, for they will see God.

좋은 글

한밤에 때때로 조용히 앉아
등불을 마주해도 부끄럽지 말아야지
몸이 즐거우면 지금이 옛 태평성대고
마음을 비우면 불길도 얼음처럼 식는다(胸空火與氷)
첫 관문을 열고 간 이 누구일까
저 높은 언덕에 오르려는 자 없구나
배움이란 탑을 오르기와 같나니
끝내는 꼭대기로 올라가야지

— 홍인모(洪仁謨, 1755~1812년)

喜出望外

기쁠 **희** 날 **출** 바랄 **망** 밖 **외**

기대하지 않던 기쁜 일이 생기다.

Unexpected things come into being happy.

성경 말씀

출 3:10 이제 내가 너를 바로에게 보내어 너로 내 百姓 이스라엘 子孫을 애굽에서 引導하여 내게 하리라

So come, I will send you to Pharaoh to bring my people, the Israelites, out of Egypt.

요 20:28 도마가 對答하여 이르되 나의 主님이시요 나의 하나님이시니이다

Thomas answered him, "My Lord and my God!".

좋은 글

오늘 내게 무슨 일이 일어날까 혹시 주님이 오시지 않을까 오신다면 어떤 모습으로 다가오시려나?

What will happen to me today the Lord has come Would you ever come look closer you come any ease?

·부 록·

사자성어 四字成語

가

苛斂誅求(가렴주구) 지방 관리가 백성들로부터 세금을 가혹하게 징수하는 혹정(酷政)을 비유한 말.

訶陵頻伽(가릉빈가) 극락정토에 있다고 일컬어지는 새의 이름으로 소리가 매우 아름답고, 싫증 나지 않는 고운 목청을 가지고 있다. 그리고 얼굴은 미인에 가깝다고 한다.

家書萬金(가서만금) 집에서 온 편지는 만금(萬金)의 가치가 있다는 뜻으로 고독한 여행지나 외국 생활에서, 가족으로부터 오는 편지는 만금의 가치에 버금할 정도로 기쁜 것이라는 의미.

佳人薄命(가인박명) 얼굴이 예쁜 여자는 일생이 대부분 불행하다는 뜻.

刻舟求劍(각주구검) 배 위에서 칼을 강 가운데에 떨어뜨리고 떨어진 자리에 표시를 하였다가 배가 정박한 뒤에 칼을 찾는다는 뜻으로 세상 물정에 아둔함을 가리키는 말.

脚下照顧(각하조고) 자신의 다리 밑을 잘 살펴보고, 반성해 보는 것이 중요한 것이라는 뜻.

感慨無量(감개무량) 감정을 어떻게 표현하지 못할 정도로 가슴 가득 저며 오는 느낌.

甲論乙駁(갑론을박) 여러 사람들의 논란이 여러 갈래로 나오고 의견이 정리되지 않는 것.

綱紀肅正(강기숙정) 여러 가지 규율을 올바르게 하는 것.

岡目八目(강목팔목) 당사자보다 제3자의 입장에서 살펴보는 것이 이해득실(利害得失)을 한눈에 알 수 있다는 뜻.

改過自新(개과자신) 잘못을 바로잡고 자기 스스로 새롭게 한다는 뜻.

蓋棺事定(개관사정) 사람은 관뚜껑을 덮고서야 죽은 사람의 평가가 내려진다는 말.

開物成務(개물성무) 여러 가지 방법을 동원하고 자신이 최선을 다해서 사업을 완성시킨다는 뜻.

居安思危(거안사위) 현재는 비록 평안한 처지에 있으면서도 장차 다가올 재난을 잊지 않는다는 것.

乾坤一擲(건곤일척) 세상의 모든 일을 운에 맡기고 용감히 행동하는 것. 성공이나 실패나의 모험을 하는 비유한 것.

堅甲利兵(견갑리병) 강한 군대와 막강한 군사력을 뜻함.

狷介固陋(견개고루) 옛것에 집착한 것을 말함.

堅白同異(견백동이) 억지를 쓰는 논쟁을 일컬음.

見危授命(견위수명) 나라가 위급해지면 자신의 목숨을 나라에 바치는 것.

結草報恩(결초보은) 자신이 입은 은혜를 보답하는 것.

傾蓋知己(경개지기) 처음 만난 동료가 옛날부터 사귀던 친구처럼 친하게 되는 것을 비유한 말.

輕擧妄動(경거망동) 일의 잘 잘못도 깊이 생각하지 않고 우왕좌왕하는 것의 비유.

經國大業(경국대업) 훌륭한 문장, 저술을 칭찬하는 말.

經諾寡信(경락과신) 경솔하게 떠맡는 것은 당치도 않는다는 뜻.

經世濟民(경세제민) 나라를 잘 다스리고 백성의 생활을 살피는 것.

敬而遠之(경이원지) 귀신을 공경하여 모독하지 않고 온갖 화복(禍福)으로 인해서 마음을 흐뜨리지 않는 것.

鷄口牛後(계구우후) '작은 회사라도 사장 노릇을 하는 것이 큰 회사의 사원보다 오히려 낫다'는 말.

桂林一枝(계림일지) 자신에게 주어진 관직이나 지위에 불만족하는 것을 비유함.

鷄鳴狗盜(계명구도) 중국 전국 시대 맹상군의 고사를 가리키는 말로 비열한 인물을 뜻함.

高論卓說(고론탁설) 매우 뛰어난 의견을 비유한 말.

枯木死灰(고목사회) 무위무욕(無爲無欲)의 경지.

鼓舞激勵(고무격려) 격려하고 분발하도록 하는 것.

鼓腹擊壤(고복격양) 천하태평을 즐기는 상태를 말함.

顧復之恩(고복지은) 어버이의 은혜에 대한 감사하는 마음.

孤城落日(고성낙일) 외로운 성(城)이 해 떨어지려는 곳에 서 있음이라는 뜻으로 매우 처량함을 비유.

告往知來(고왕지래) 통찰력이 예민하고, 두드리면 울리는 반응도 좋음을 말한다.

孤雲野鶴(고운야학) 속세를 버리고, 세속의 명리를 초월해서 은거하는 사람을 비유한 말.

膏火白煎(고화백전) 자신의 재주에 의해 재앙을 초래하는 것을 비유.

曲突徙薪(곡돌사신) 굴뚝을 굽히고 땔나무를 옮겨 놓아 화재가 나지 않게 한다는 뜻으로, 재화(災禍)를 사전에 방지함을 말함.

曲學阿世(곡학아세) 학문의 진리를 거슬리고 세속에 아첨하는 것.

空谷足音(공곡족음) 몹시 쓸쓸한 곳에서 뜻밖에 사람의 방문을 받는 예기치 않은 기쁨. 또한 소식이 있는 것을 비유한 말.

公平無私(공평무사) 마음가짐이 올바르기 때문에 어느 쪽으로 치우치지 않고 사심이 없는 것.

誇大妄想(과대망상) 사실보다도 크고 엉뚱하게 생각해서, 그것을 마치 사실과 같이 생각해 버리는 것.

夸父追日(과부추일) 자신의 역량을 모르고 큰일을 도모함.

廓然大公(곽연대공) 매우 활달한 성격이어서 사소한 것에 절대로 구애되지 않고 공평한 것.

管鮑之交(관포지교) 관중(管仲)과 포숙(鮑叔)과의 의리가 몹시 좋다는 뜻으로 친밀한 교제를 일컬음.

刮目相對(괄목상대) 눈을 씻고 본다는 뜻으로 남의 업적이 괄목할 만하게 진척한 것을 말함.

光陰流水(광음유수) 세월이 지나가는 모습이 마치 물의 흐름과 같이 빠르다는 비유.

光風霽月(광풍제월) 생각이 매우 활달해서 마음이 깨끗하고 고결한 인물의 비유.

蛟龍雲雨(교룡운우) 구름과 비를 얻은 교룡(蛟는 용의 새끼)은 하늘로 승천한다는 뜻.

巧言令色(교언영색) 교묘한 말과 얼굴로 아첨하는 말과 알랑거리는 태도를 이르는 말.

膠柱鼓瑟(교주고슬) 사회 생활을 하는 데 조금도 융통성이 없고 앞뒤가 꼭 막힌 사람을 일컬음.

巧遲拙速(교지졸속) 훌륭하고 늦는 것보다는 비록 서툴러도 바른 것이 낫다는 의미.

狗尾續貂(구미속초) 개꼬리를 노랑 담비 꼬리에 잇는다는 뜻으로 좋은 일 다음에 나쁜 일이 일어난다는 뜻.

九牛一毛(구우일모) 아홉 마리의 소의 털 가운데 불과 한 오라기라는 뜻으로 많은 양(量) 속에서 극히 일부분의 것을 말함.

口耳之學(구이지학) 남에게 들은 것을 그대로 타인에게 전할 뿐이요, 조금도 자신의 학문에 도움이 되지 못하는 학문이라는 뜻.

舊態依然(구태의연) 조금도 새로움이 없는 상태를 말함.

國士無雙(국사무쌍) 국내에서 비교할 사람이 없을 정도로 매우 위대한 인재를 말함.

群鷄一鶴(군계일학) 어리석은 무리 가운데 어진 사람이 있음을 말함.

群分類聚(군분유취) 다른 것을 나누고 같은 것을 모으는 것.

君辱臣死(군욕신사) 임금과 신하가 한몸이 되어 생사고락을 함께함을 가리키는 말.

群雄割據(군웅할거) 수많은 영웅들이 각지에서 들고 일어나 각각 세력을 떨치고 대립하는 것을 말함.

群蟻附羶(군의부전) 개미 떼가 누린내 나는 것에 달라붙는다는 뜻으로 사람들이 자신의 이익만 취하는 것을 천하게 여기는 말.

君子豹變(군자표변) 군자는 지난날의 잘못된 행동을 깨달으면 곧장 고칠 줄 안다는 의미.

君舟臣水(군주신수) 자신에게 도움 주는 사람도 때로는 피해를 준다는 것.

窮鼠齧狸(궁서설리) 온 힘을 다하여 대항하면 약자가 도리어 강자를 무너뜨린다는 것.

窮鳥入懷(궁조입회) 매에 쫓기는 새가 급하면 품속으로 뛰어들음을 말함.

拳拳服膺(권권복응) 항상 마음속 깊이 새겨 두고 결코 잊지 않는다는 것을 비유한 말.

權謀術數(권모술수) 교묘하게 사람을 속이고 치밀한 계략을 꾸미는 것.

勸善懲惡(권선징악) 선행을 북돋아 권유하고, 나쁜 일은 경계한다는 뜻.

龜背刮毛(귀배괄모) 거북의 등에는 털이 없는데 그 털을 긁는다는 뜻으로 없는 것을 억지로 구한다는 말.

規矩準繩(규거준승) 규거(規矩)는 컴퍼스와 정규, 준승(準繩)은 수평을 측정하는 도구와 먹물로 세상의 온갖 사물이나 행위의 표준.

金剛不壞(금강불괴) 다이아몬드는 견고해서 결코 파괴되지 않다는 것.

金甌無缺(금구무결) 황금 꽃병이 조금도 흠이 없다는 뜻으로 완전함의 비유. 천자의 지위가 침범당하지 않는 것.

金聲玉振(금성옥진) 연주의 뛰어남에 있어 재기와 인덕이 몹시 훌륭하게 조화를 이룬 것을 말함.

金城湯池(금성탕지) 견고한 성을 말함.

錦心繡口(금심수구) 시문에 재주가 많아서 지어 내는 문구가 매우 아름다움을 일컬음.

金烏玉兎(금오옥토) 금오는 해, 옥토는 달. 곧 일월(日月)을 일컬음.

錦衣玉食(금의옥식) 비단옷, 사치스럽고 호화로운 식사. 또한 귀한 신분을 말함.

急轉直下(급전직하) 사정이 돌변해서 예측 불허의 방향으로 전환하는 것의 비유.

奇奇怪怪(기기괴괴) 대단히 기이한 것을 의미함.

棄糧沈船(기량침선) 양식을 버리고, 배를 가라앉힌다는 뜻으로 죽음을 각오하고 싸우는 것을 말함.

岐路亡羊(기로망양) 도망친 양을 붙잡으려고 했지만 길이 몹시 많아서 찾을 수 없는 것.

驥服鹽車(기복염거) 유능한 사람이 쓸데없는 일을 하고, 낮은 지위에 있다는 것을 말함.

奇想天外(기상천외) 전혀 뜻하지도 않은 몹시 진귀한 것.

氣息奄奄(기식엄엄) 숨이 끊어질 듯한 몹시 급한 상황.

旣往不咎(기왕불구) 과거지사를 너무 탓할 것이 아니라 오직 장래의 일을 위하여 계획하고 삼가라는 것.

氣韻生動(기운생동) 문장이나 시화(詩畵)에 나타는 기품(氣品), 정취(情趣)가 생생하게 약동하는 것을 비유.

杞人天憂(기인천우) 뛰어넘기 어려운 괴로운 일을 뜻함.

旗幟鮮明(기치선명) 깃발의 색깔이 선명한 것. 이것이 변해서 자신의 입장이나 주의 주장이 명료한 것을 일컬음.

나

洛陽紙貴(낙양지귀) 모든 사람들이 명문(名文)을 베끼느라 종이의 수요가 많아서 그 값이 올라갔다는 뜻.

落穽下石(낙정하석) 사람이 함정에 빠진 것을 건져 주지는 못할망정 도리어 돌을 떨어뜨린다는 뜻.

落筆點蠅(낙필점승) 놀라운 솜씨를 비유한 말. 낙필(落筆)은 붓을 깜박 떨어뜨리는 것. 점(點)은 그린다는 뜻.

落花狼藉(낙화낭자) 늑대가 몹시 날뛰고, 풀이 술렁대고, 꽃이 떨어지는 것과 같이 사물이 마구 뒤섞이는 모습을 말함.

落花流水(낙화유수) 봄경치가 점점 쇠퇴해 가는 모습.

暖衣飽食(난의포식) 따뜻하게 입고 배가 부르도록 먹는 것.

難兄難弟(난형난제) 서로의 우열을 구별하기 어려움을 말함.

南橘北枳(남귤북지) 풍토의 차이가 사람의 기질 따위를 좌우한다는 비유. 또한 환경에 의해서 인간은 각기 변한다는 뜻.

南蠻鴃舌(남만격설) 오직 시끄러울 뿐이고 의미를 알 수 없는 말.

藍田生玉(남전생옥) 명문가(名門家)에서 현명한 자제가 나오는 것을 칭찬하는 말.

狼子野心(낭자야심) 달래기 어려운 마음. 모반(謀反)의 마음. 몹시 흉포해서 교화하기 어려운 사람을 비유함.

內憂外患(내우외환) 국내외에서 일어나는 여러 가지 걱정거리.

內淸外濁(내청외탁) 안으로 고결함을 지니고 있지만, 겉으로는 더럽고 추악한 모습으로 가장하고 속세와 타협해서 살아가는 것.

路柳墻花(노류장화) 길가의 버드나무와 담 아래 꽃이라는 뜻으로 누구든지 만지고 꺾기 쉬움을 비유하는 말로 창부, 기생 화류계 여성을 가리킴.

老少不定(노소부정) 인간의 생명은 정해져 있고, 언제 죽을지 알 수 없다는 뜻.

奴顔婢膝(노안비슬) 무릎을 꿇고 싹싹 비는 듯한 태도로 사람을 대하는 것을 비유.

老婆心切(노파심절) 남을 위해서 몹시 마음을 쓰는 것. 노파가 이것저것 세세하게 마음을 쓰는 친절한 마음씨를 말함.

論功行賞(논공행상) 나라나 회사에 공훈이나 공적이 있는 사람을 잘 선정해 표창하는 것.

弄璋之喜(농장지희) 아들을 낳은 기쁨.

訥言敏行(눌언민행) 비록 입은 무거워서 쓸모없을지라도 그 행동은 신속하고 올바른 것을 말함.

能言鸚鵡(능언앵무) 입으로는 말을 잘 하나 실제로는 학문이 없는 사람을 말함.

다

多事多難(다사다난) 바쁜 가운데에 여러 가지 일이 많이 생겨 매우 곤란한 모양.

多士濟濟(다사제제) 덕망이 높은 우수한 인재가 많으면 그들로 인해 훌륭한 정치를 할 수 있게 된다는 말.

斷金之交(단금지교) 몹시 친근하고 변함이 없는 우정을 일컬음.

斷機之戒(단기지계) 학문을 중도에 버림을 경계하는 것.

單文孤證(단문고증) 불과 한 편의 문장에 의지하는 하나의 증거. 대단히 박약한 증거를 비유한 말.

斷食豆羹(단식두갱) 음식의 양이 매우 적은 것을 말함.

斷章取義(단장취의) 문장이나 시의 한 부분을 예를 들어 자기 형편에 좋도록 제멋대로 꾸며서 해석하는 것.

達人大觀(달인대관) 넓은 아량을 지닌 사람은 결코 어느 한 부분에 치우치지 않고, 전체를 공평하게 살펴보고 판단을 내린다는 뜻.

談論風發(담론풍발) 열성적으로 서로 이야기하거나 논쟁하는 것.

黨同伐異(당동벌이) 주의 주장을 같이하는 동료는 서로 도와서 뜻을 달리하는 사람을 공격하고 정벌한다는 뜻.

螳螂在後(당랑재후) 사리사욕에만 눈이 몹시 어두워서 덤비고 피해를 입을 것을 생각지 않으면 재앙을 입는다는 뜻.

黨意卽妙(당의즉묘) 어떤 일의 상태에 따라 잘 적응하고 재빨리 스스로 행동하는 모습.

大姦似忠(대간사충) 간사한 사람의 행동은 매우 교묘하여 얼핏 보면 충직한 사람과 구별하기 힘들다는 뜻.

大器小用(대기소용) 훌륭한 사람을 재대로 기용하지 못한 경우에 쓰는 말로 사람을 쓰는 데 적재적소(適材適所)가 아닌 것의 비유.

大同團結(대동단결) 많은 정당이나 복수단체 등이 자신의 주의, 주장을 극복하고 단결하는 것. 작은 이견을 버리고 대동(大同)으로 단결하는 것.

大逆無道(대역무도) 정도가 매우 심한 인륜(人倫)에 거역된 악역(惡逆)을 저지른 행위.

對牛彈琴(대우탄금) 소를 앞에 두고 거문고를 켠다는 뜻으로 멍청한 사람을 앞에 앉혀 놓고 깊은 진리를 얘기하는 것은 아무런 소용이 없다는 말.

大願成就(대원성취) 크게 기원한 일이 비로소 실현되는 것.

跳梁跋扈(도량발호) 악인이 제멋대로 행동하고 주위를 마구 짓누르는 것을 비유한 말.

道謀是用(도모시용) 도로가에 집을 지을 때 길 가는 사람에게 집에 대해 물을 것 같으면 사람들의 의견이 각각이어서 마침내 집을 짓지 못하게 됨을 말함.

道不拾遺(도불습유) 길에 떨어진 물건을 주으면 자기의 것으로 하지 않는다는 뜻.

盜憎主人(도증주인) 사람의 감정이란 모두 자기를 이해하는 자는 미워한다는 뜻.

道聽塗說(도청도설) 길가에서 들은 이야기를 곧 남에게 옮긴다는 뜻으로 길거리의 뜬소문을 이르는 말.

獨斷專行(독단전행) 자기 혼자의 생각으로 결정하고 남의 의견을 구하지 않는 것을 말함.

同工異曲(동공이곡) 같이 만들었지만 모양이 각기 다른 것.

同軌同文(동궤동문) 나라마다 서로 달랐던 규칙이나 문자의 스타일을 통일해서 개방정책을 취하는 것.

同病相憐(동병상련) 같은 처지에 있는 사람들이, 서로 동정하고 서로 돕고, 서로 위로한다는 비유.

同床異夢(동상이몽) 두 사람이 같은 잠자리에서 각기 다른 꿈을 꾼다는 뜻으로, 매사 모든 일을 같이하면서 저마다 생각이 다르다는 뜻.

同性異俗(동성이속) 사람은 교육이나 환경의 차이에 따라 풍속 · 습관 · 예의까지 달라져 간다는 뜻.

同音異義(동음이의) 음은 같아도 그 의미가 다른 것을 뜻함.

斗折蛇行(두절사행) 강이나 길 등이 꺾이고 몹시 구부러져 있는 모습.

頭寒足熱(두한족열) 머리 부분은 차게 하고 다리는 따뜻하게 하는 것으로 예부터 전해지는 건강법의 하나.

得隴望蜀(득롱망촉) 인간의 욕심에는 한계가 없다는 뜻.

登高自卑(등고자비) 일을 행할 때는 그 순서를 밟을 것을 뜻함.

마

磨斧作針(마부작침) 어떤 어려운 일이라도 인내하면서 노력하면 반드시 성공한다는 뜻.

馬牛襟裾(마우금거) 지식 없는 자를 가리킴.

馬革裹屍(마혁과시) 말가죽으로 시체를 싼다는 뜻으로 전쟁에 나아가 살아 돌아오지 못함을 말함.

幕天席地(막천석지) 기개가 매우 호방하고 옹졸하지 않은 모습. 하늘을 지붕 삼고 대지를 방석으로 생각하는 그릇이 큰 사람의 비유.

末大必折(말대필절) 나뭇가지가 몹시 번성하면 반드시 그 뿌리를 꺾는다는 뜻.

望梅解渴(망매해갈) 목이 마를 때에 매실 이야기를 하니 자연히 침이 입 안에 고여 목마름을 풀었다는 말.

望文生義(망문생의) 문장 구절의 본래의 의미를 잘 검토하지 않고 문자를 흘긋 쳐다보고 그럴 듯한 해석을 내리는 것.

亡羊補牢(망양보뢰) 양을 잃고 외양간을 고친다는 뜻으로 양이 도망가 버린 후에 외양간을 수리하면 이미 늦는다는 말.

望洋興嘆(망양흥탄) 가야 할 길이 멀고 아득하고 종잡을 수 없어서 한숨만 쉬면서 체념하는 것의 비유.

梅妻鶴子(매처학자) 매화를 아내로 하고, 학(鶴)을 아들로 하는 풍류생활을 일컬음.

孟母斷機(맹모단기) 어떤 일이나 공부하는 도중에 그만두면 아무것도 아니라는 맹자 어머니의 교훈.

孟母三遷(맹모삼천) 자식의 교육에는 주위의 환경이 대단히 중요함을 뜻함. 맹자의 어머니는 자식을 위해서 세 번씩이나 집을 바꾼 현모(賢母)의 표본이다.

綿裏包針(면리포침) 입으로는 달콤한 얘기를 하지만, 마음속으로 나쁜 마음을 품고 있는 모습.

面壁九年(면벽구년) 하나의 목적이나 일에 긴 세월을 두고 마음을 기울이는 것을 말함.

面從腹背(면종복배) 눈 앞에서는 복종하고 등 뒤에서는 배반한다는 뜻.

明鏡止水(명경지수) 사념(邪念)이 없는 밝고 맑은 마음을 일컫는 말.

明眸皓齒(명모호치) 시원한 눈매와 새하얗게 빛나는 이빨. 몹시 빼어난 미인을 뜻한다.

名聲藉甚(명성자심) 세상에 널리 명성이 알려져 있는 것.

明日張膽(명일장담) 두 눈을 부릅뜨고, 배짱을 두둑히 하고, 거침없이 행동하는 것을 비유한 말.

名詮自性(명전자성) 이름은 그 자체로 본성을 나타낸다고 하는 것. 이름은 곧 몸을 나타낸다는 것을 비유.

明珠闇投(명주암투) 아무리 빛나는 구슬이라 할지라도 어두운 밤에 집어던지면 아무런 빛을 발하지 못한다는 뜻으로 어떤 귀중한 것일지라도 남에게 주는 방법이 바르지 못하면 오히려 원망을 산다는 것을 비유한 말.

明哲保身(명철보신) 총명한 사람은 사람의 도리를 좇아서 처신을 한다는 뜻.

目食耳視(목식이시) 눈으로 먹고 귀로 본다. 세간의 평판을 의식해서 겉치장에 골똘하는 것의 비유한 말.

夢幻泡影(몽환포영) 꿈과 환상, 거품과 그림자, 덧없는 것에의 비유한 말.

描虎類狗(묘호유구) 그림에 소질이 없는 사람은 호랑이를 그려도 개의 그림과 같이 되어 버린다는 뜻으로 서투른 흉내를 비유한 말.

無故之民(무고지민) 미망인, 고아 등 세상 어디에도 의지할 데 없는 빈궁한 사람을 말함.

無味乾燥(무미건조) 매우 맛이 없고 재미가 없는 것의 비유.

無我夢中(무아몽중) 무엇인가에 마음을 빼앗겨 자기 자신을 잃어버리는 것을 말함.

無二無三(무이무삼) 부처에 이르는 길은 오직 하나로 그 밖에 다른 길은 없다는 뜻. 오직 일심(一心)으로 밀고 나아간다는 뜻.

刎頸之交(문경지교) 죽고 사는 것을 같이할 만큼 매우 친한 벗을 이름.

聞一知十(문일지십) 하나 듣고 열을 안다는 뜻으로 매우 총명함을 가리킴.

文質彬彬(문질빈빈) 겉과 속이 조화를 이루지 않으면 진실한 교양인이라고 말할 수 없다는 뜻.

物色比類(물색비류) 사물을 비교해서, 목적에 맞는 것을 구하는 것.

物情騷然(물정소연) 천하의 형편이 여러 가지 형태로 소란스러운 것. 세상 돌아가는 것이 뒤숭숭한 모습.

未來永劫(미래영겁) 몹시 긴 세월의 뜻. 겁(劫)은 위협하다는 뜻으로, 불교에서는 몹시 긴 세월을 말한다.

尾生之信(미생지신) 쓸데없는 믿음으로 자신의 몸을 망친 미생(尾生)의 고사(故事)에서 비롯된 말.

媚眼秋波(미안추파) 미안(媚眼)은 교태 부리는 눈의 뜻이며, 추파(秋波)는 가을의 맑고 깨끗한 물결로 곧 미인(美人)의 형용으로 쓰였다.

바

博覽強記(박람강기) 많은 책을 읽고 여러 가지의 사물에 대해서 깊이 생각하는 것.

博文約禮(박문약례) 옛 문헌을 널리 공부하고 그것을 규율(禮)로 삼아 자신의 느슨해진 정신을 다스린다는 것.

薄志弱行(박지약행) 의지가 매우 약하고, 어떤 일을 실행하는 데 힘이 부족한 상태를 말함.

班門弄斧(반문롱부) 자신의 실력은 생각지 않고 함부로 덤비는 것을 말함.

伴食宰相(반식재상) 실력이나 재능 모두 부족한 재상으로 곧 무능한 관료를 뜻함.

飯後之鐘(반후지종) 목란원(木蘭院)의 중 왕요(王搖)가 식객으로 절에 와서 있음을 미워하여 식사를 다 마치고 종을 쳐 식사 때를 알린 고사(故事)

撥亂反正(발란반정) 어지러운 세상을 평정하고 올바른 평화를 세계에 펼치는 것.

傍若無人(방약무인) 제멋대로 행동하는 것.

方言高論(방언고론) 제멋대로 말하고 논쟁을 벌이는 것.

方底圓蓋(방저원개) 사물이 어울리지 않는 것을 비유.

放蕩無賴(방탕무뢰) 여자와 술에 빠져서 품행이 단정하지 못한 것.

杯盤狼藉(배반낭자) 일이 매우 산란해진 모습을 뜻한다. 술자리가 흐트러지고 야단법석인 상태를 말함.

百家爭鳴(백가쟁명) 문화 예술, 학문상의 의견을 학자나 문인들이 각기 다투어 발표하는 모습.

白駒過隙(백구과극) 세월이 몹시 빠름을 말함.

百鬼夜行(백귀야행) 악인이 때를 얻어서 발호하는 것의 비유.

白禽擇木(백금택목) 현명한 새는 나무를 골라서 내려앉는다는 말.

伯樂一顧(백락일고) 오늘날로 말하면 훌륭한 사업가 · 경영자에게 발탁되어 중용되는 것을 가리킨다.

白墨一言(백묵일언) 과묵한 사람이 무겁게 뱉는 한 마디의 말은 날카롭게 표적을 맞히고 듣는 사람에게 깊은 감명을 준다는 뜻.

白璧微瑕(백벽미하) 애써 만든 훌륭한 물건에 지극히 작은 흠이 있어서 놉시 애석하다는 뜻.

白首北面(백수북면) 재능도 인덕도 없는 사람은, 늙어서도 남에게 가르침을 받아야 한다는 뜻.

百尺竿頭(백척간두) 백 척이나 되는 높은 장대 끝이란 뜻으로 매우 위태로운 상태를 이르는 말.

百花繚亂(백화요란) 여러 가지 꽃이 색깔마다 몹시 아름답게 뒤섞여 피어 있는 모습.

繁文縟禮(번문욕례) 규칙, 예절 따위가 매우 지나치게 형식적이어서 번거롭고 까다로움.

翻雲覆雨(번운복우) 손을 뒤집으면 구름이 되고 뒤집어 엎으면 비가 된다는 뜻으로 손바닥을 뒤집는 것과 같이 인정이 변하기 쉬운 것의 비유.

伐性之斧(벌성지부) 여자에 빠지는 것은 마치 사람의 본성을 해치는 도끼라는 뜻.

秉燭夜遊(병촉야유) 촛불을 켜고 밤을 즐긴다는 뜻으로 인생은 몹시 짧아서 불을 밝히고 밤에도 즐기며 논다는 뜻.

報怨以德(보원이덕) 남에게서 몹시 심한 괄시를 받았더라도 그 반대로 은혜로 보답하려고 하는 정신.

覆車之戒(복차지계) 옛 사람이 실패한 것을 목견하고 그 일을 자신의 경계로 삼는 것.

本末顚倒(본말전도) 중요한 것과 그러하지 않은 것을 혼동해 버리는 것으로 근본과 말단이 뒤바뀌어 버리는 모습.

封豕長蛇(봉시장사) 돼지와 같이 몹시 탐욕스럽고 뱀과 같이 잔인한 인간을 비유한 말.

富貴浮雲(부귀부운) 부귀는 뜬구름과 같다는 뜻으로 부나 명예를 뜻함.

負隅之勢(부우지세) 영웅이 각처에 할거함을 말함.

不卽不離(부즉불리) 붙지도 않고 떨어지지도 않는다는 뜻.

夫唱婦隨(부창부수) 남편이 외치면 그대로 그의 아내도 따라 한다는 뜻으로 부부가 행동하는 것이 같음을 말함

附和雷同(부화뇌동) 자기의 주의주장이나 신념을 갖지 않고 남의 언동에 따라서 행동하는 것을 말함.

焚書坑儒(분서갱유) 진시 황제가 시서육경(詩書六經)을 불태우고 유학자들을 생매장한 것을 말함.

不共戴天(불공대천) 하늘을 같이 이고 있을 수 없다는 뜻으로 곧 원수를 말함.

不惜身命(불석신명) 불교의 도를 수행하기 위해서는 정신과 육체를 아끼면 안 된다는 뜻.

不拔一毛(불발일모) 비록 자신의 머리털 하나를 뽑으면 천하가 다 이익을 본다고 할지라도 결코 자기 털을 뽑지 않겠다고 하는 것.

不言實行(불언실행) 어떤 일을 함에 있어 이유나 핑계를 대지 않고 묵묵히 실행하는 것.

不恥下問(불치하문) 나보다 신분이 낮은 사람에게 모르는 것을 물어보는 것은 결코 부끄럽게 여기지 않는다는 말.

不偏不黨(불편부당) 중립과 공정을 유지하여 결코 파벌을 조성하지 않는 것.

不孝有三(不孝有三) 부모에게 불효하는 세 가지를 말함.

鵬程萬里(붕정만리) 앞길이 원대한 것. 일반적으로 여정이 먼 경우에 사용하는 말.

比肩隨踵(비견수종) 뒤에서 계속 사람이 나오는 것을 말함.

匪躬之節(비궁지절) 임금을 위하여 충성을 다하고 결코 자신의 몸을 돌보지 않음.

髀肉之嘆(비육지탄) 매사에 하는 일 없어 공명을 세울 기회가 없음을 한탄하는 것을 말함.

飛耳長目(비이장목) 정보 수집에 뛰어나고, 사물의 관찰이 몹시 예리하여 세상 물정에 밝은 것.

牝鷄之晨(빈계지신) 암탉이 새벽을 알리느라 운다는 뜻으로 아내가 남편을 휘어잡음을 뜻함.

鬢絲茶煙(빈사다연) 노후에 담박하고 정직한 생활을 하면서 화려했던 지난날을 회상하는 것을 말함.

사

徙家忘妻(사가망처) 이사할 때에 자기 아내를 잊는다는 뜻으로 매사에 잘 잊는 것을 말함.

思慮分別(사려분별) 모든 일을 함에 있어 매우 골똘히 생각하고 신중하게 판단하는 것.

四百四病(사백사병) 인간이 걸리는 일체의 질병을 말함.

四分五裂(사분오열) 뿔뿔이 흩어져서 분열하는 것, 질서 없이 문란하고 흩어지는 것.

駟不及舌(사불급설) 한 번 뱉은 말은 사두마차의 속력으로도 못 따른다는 뜻으로 곧 말을 삼가라는 뜻.

射石爲虎(사석위호) 범인 줄 알고 화살을 쏘았으나 화살이 그 돌에 깊이 박혔다는 고사로 어떤 일에 성심껏 노력하면 힘이 생긴다는 뜻.

射石飮羽(사석음우) 모든 힘을 기울여 도전하면 어떤 일도 성공할 수 있다는 뜻.

史有三長(사유삼장) 역사를 기술하는 사람은 재주와 학문과 학식이 빼어나야 한다는 뜻.

死而後已(사이후이) 어떤 사업을 함에 있어 죽음에 이르러서야 그만둔다는 뜻으로 뜻이 몹시 뜻이 굳음을 말함.

沙中偶語(사중우어) 신하가 몰래 음모와 모반을 획책하는 것.

死灰復燃(사회부연) 꺼진 불이 다시 타오른다는 뜻으로 세력을 잃은 자가 다시 번창하는 것의 비유.

山紫水明(산자수명) 산과 물이 깨끗하고 아름다운 경관을 말함.

山中曆日(산중역일) 산 속에서 한적한 생활을 하면 세월이 흐르는 것을 느끼지 못한다는 뜻.

三令五申(삼령오신) 되풀이해서 공손하게 처신하는 것.

三面六臂(삼면육비) 혼자서 여러 사람의 능력을 겸비한 것.

三者鼎立(삼자정립) 세 사람이 각각 서로 대립하는 것.

三尺秋水(삼척추수) 칼날의 서슬이 파란 검. 삼 척(三尺)은 칼의 길이가 대체로 이 정도인 것에서 나온 말이다.

喪家之狗(상가지구) 상갓집의 초라한 개를 가리키는 말로 집 잃은 개와 상갓집 개의 두 가지 설이 있다.

上兵伐謀(상병벌모) 전략에 뛰어난 장수는 싸우기 전에 적을 간파하여 병사들이 움직이기 전에 이긴다는 뜻.

桑蓬之志(상봉지지) 남자가 사방으로 떠돌아다님.

常山蛇勢(상산사세) 사방이 서로 뒤틀림. 혹은 문장의 머리와 꼬리가 서로 다른 것을 말함.

桑弧蓬矢(상호봉시) 남자가 사방으로 웅비하여 성공하려고 하는 의지를 비유한 말.

生死與奪(생사여탈) 죽이는 것도 살리는 것도, 주는 것도 받는 것도 자기 마음대로 하는 것.

生死肉骨(생사육골) 죽은 사람을 살리고 백골에 살을 붙인다는 뜻으로 남에게 큰 은혜를 입어 감사한다는 말.

生者必滅(생자필멸) 살아 있는 사람은 반드시 죽는다는 뜻으로 만고불변의 진리를 말함.

生知安行(생지안행) 인간 본래의 착한 심성을 가지고 결코 이해관계를 따지지 않는 편안한 감정으로 행동하는 것.

西施捧心(서시봉심) 함부로 남의 흉내를 내다가 웃음을 자아 내게 하는 일. 다른 사람의 흉내를 내다가 실패할 경우를 비유한 말.

席不暇暖(석불가난) 몹시 바빠서 한 곳에 정착하지 못하니 자리가 따뜻할 틈이 없음.

碩學鴻儒(석학홍유) 학문이 높은 경지에 도달한 대학자(大學者)를 비유한 말.

先憂後樂(선우후락) 몹시 곤란하고 괴로운 것을 먼저 해치우고 나중에 즐거움을 찾는다는 뜻.

先義後利(선의후리) 우선 먼저 순리와 도리에 따르고 자신의 이해타산은 그 뒤에 생각한다는 의미.

雪中送炭(설중송탄) 눈 속에 갇혀 있는 사람에게 숯을 보내 준다는 뜻으로 괴로움에 처해 있는 사람을 구해 주는 것을 말함

盛者必衰(성자필쇠) 번창하고 화려했던 것도 언젠가는 반드시 쇠퇴하고 사라져 간다는 뜻.

成竹胸中(성죽흉중) 성공의 전망을 가리키는 말로 성공할 전망이 충분히 있다는 의미로 쓰인다.

城狐社鼠(성호사서) 임금 곁에 있는 간신.

星火燎原(성화요원) 성화(聖火)는 별과 같이 작은 불. 요원은 들을 태

운다는 뜻.

巢林一枝(소림일지) 새는 깊은 숲 속에 둥지를 틀어도 단지 한 개의 가지를 사용하는 데에 지나지 않는다는 뜻으로 반드시 자신의 분수에 맞게 사는 것으로 만족을 할 줄 알아야 한다는 뜻.

小心翼翼(소심익익) 몹시 소심해서 벌벌 떠는 모습. 겁쟁이를 일컬음.

小人閑居(소인한거) 교양이 없는 보잘것없는 인간은 한가로워도 변변한 일을 하지 못한다.

率先勵行(솔선려행) 어떤 일에 온 정성을 기울여서 노력하는 것.

松風水月(송풍수월) 자연을 조용하고 맑은 기분으로 감상하는 마음

守口如瓶(수구여병) 병 속의 물을 쏟으면 다시 담지 못하는 것과 마찬가지로 일단 말을 뱉으면 이를 거두어들이지 못하므로 반드시 말을 조심해야 한다는 뜻.

輸寫心腹(수사심복) 마음속에 생각하고 있는 것을 남김없이 상대방에게 진심을 토로하는 것.

首鼠兩端(수서양단) 쥐는 의심이 매우 많아서 구멍에서 나와서도 가볍게 행동하지 않는다는 말로 결단을 내리지 못하는 상태를 말함.

守株待兎(수주대토) 부질없이 옛날의 관습에 얽매어 세상의 변화에 부응하지 못함.

熟讀玩味(숙독완미) 문장을 잘 읽고 충분히 내용을 음미하는 것을 말함.

熟慮斷行(숙려단행) 매사를 잘 생각하고 충분히 검토한 후에 결단을 내려서 행동에 옮기는 것.

菽水之歡(숙수지환) 콩죽과 물을 먹으면서도 몹시 기뻐한다는 뜻으로 빈한한 환경에서도 부모를 잘 섬기는 것을 말함.

脣亡齒寒(순망치한) 입술과 이빨이 서로 보호하듯이 두 나라 중에서 어느 한 쪽이 망하면 다른 쪽도 망하게 된다는 말.

順風滿帆(순풍만범) 돛에 순풍을 가득 받고 배가 나아가는 것과 같이 사물이 순조롭게 되어 가는 것을 비유한 말.

時代錯誤(시대착오) 시대 인식이 늦음. 시대의 경향에 맞지 않는 것을 말함.

尸位素餐(시위소찬) 아무것도 하지 않고 월급만을 받고, 밥만 축내는 것으로 어떤 지위에 있으면서 그 임무를 수행하지 않고 월급만 받는 것.

市井之徒(시정지도) 일반 대중이나, 서민, 또는 도시의 불량배나 무뢰한을 말함.

識字憂患(식자우환) 글자를 알고 학문을 아는 것이 도리어 근심을 사게 되는 것을 이르는 말.

神工鬼斧(신공귀부) 귀신이 마치 도끼로 가공한 듯한 매우 정교한 작품. 정교하고 기교가 뛰어난 훌륭한 작품을 말함.

神機妙算(신기묘산) 신과 같이 몹시 뛰어난 책략.

新進氣銳(신진기예) 새롭게 나타나서 패기가 높고 왕성한 것.

實事求是(실사구시) 사실에 의거해서 일체 사물의 진리나 진상을 추구하고 연구하는 것을 말함.

深謀遠慮(심모원려) 먼 장래까지 깊이 생각해서 치밀한 계획을 꾸미고 조치하는 것.

心神耗弱(심신모약) 심신을 상실할 정도는 아니지만, 정상적인 행동이 눈에 띄게 곤란해진 상태를 말함.

尋章摘句(심장적구) 문장 전체의 이해가 부족하고, 의미가 잘 통하지 않는 것의 비유.

心地光明(심지광명) 결코 사적인 욕심을 가지지 않고 공명정대한 마음이나 감정을 말함.

아

阿鼻叫喚(아비규환) 몹시 끔찍한 모습.

阿修羅道(아수라도) 강한 투쟁심과 이기 · 질투 · 집착하는 마음을 말함.

阿諛追從(아유추종) 아유(阿諛)는 알랑거리며 빌붙는 것, 남에게 알랑거리고 아첨하면서 따라가는 모습.

雅人深致(아인심치) 속세를 초월한 매우 고상한 풍류를 지닌 깊은 취향을 말함.

我田引水(아전인수) 자기의 이익이 되도록 도모하고 행동하는 것.

握髮吐哺(악발토포) 인재를 얻으려고 노력하는 것으로 또한 금세 사람을 만나는 것을 비유한 말

惡婦破家(악부파가) 악처는 남편의 일생을 몹시 피곤하게 하고 마침내 집안을 망친다는 뜻.

惡事千里(악사천리) 나쁜 일은 반드시 세상에 널리 퍼지게 마련이라는 뜻.

惡人正機(악인정기) 자기 자신을 악인이라고 생각하는 사람은 마침내 바른 기회를 얻게 된다는 뜻.

眼光紙背(안광지배) 눈빛이 종이의 뒷면까지 뚫고 지나간다는 뜻으로 독서를 하는 데 있어 자구의 해석에 머물지 않고 저자가 의도한 깊은 뜻이나 정신까지 예리하게 파악하는 것을 말함.

安心立命(안심입명) 모든 욕망을 끊고 천명(天命)을 깨닫고 몹시 괴로워하지 않는 심경(心境)

安宅正路(안택정로) 인(仁)과 의(義)의 뜻. 인(仁)은 인간의 안전한 주거, 의(義)는 인간의 바른 통로(通路)라고 맹자(孟子)가 한 말.

暗中摸索(암중모색) 확실하지 않은 것을 자신의 상상으로 맞춰 보는 것.

仰人鼻息(앙인비식) 다른 사람의 뜻을 살펴서 의지하려고 하는 것.

愛緣機緣(애연기연) 마음이 맞거나 맞지 않거나 하는 사람 마음의 불가사의는 불교에서 말하는 인연에 의한다는 뜻으로 주로 남녀나 친구 사이에서 깊은 애정이나 친밀감을 느낄 때를 말한다.

夜郞自大(야랑자대) 자기의 실력을 생각하지 않고 잘난 척 해 보이는 소인배를 일컬음.

夜雨對床(야우대상) 비 오는 밤 그 소리를 들으면서 형과 아우가 평상 위에 사이 좋게 나란히 누운 모습.

藥籠中物(약농중물) 언제나 곁에 두어서 자기편으로 행동하는 사람, 또한 자유롭게 사용할 수 있는 물건.

良禽擇木(양금택목) 좋은 새는 나무를 가려서 내려앉는다는 말.

羊頭狗肉(양두구육) 겉으로는 최고의 간판을 내어 걸고 그 내용은 형편없는 것을 말함.

兩鳳連飛(양봉연비) 형제가 모두 부귀 영달을 이룬 것을 말함.

量入制出(양입제출) 들어오는 것을 보고 나갈 것을 조정한다는 뜻으로 수입을 계산하여 그로부터 지출을 결정함.

羊腸少徑(양장소경) 양(羊)의 장(腸)과 같이 꼬불꼬불 몹시 구부러진 작은 길의 의미. 전망이 불가능해서 쉽사리 앞질러 달릴 수 없는 것을 말함

羊質虎皮(양질호피) 겉모양만 번드르르함, 순한 양이 호랑이 가죽을 뒤집어쓰고 있다. 겉보기에는 그럴 듯하지만 내용은 좋지 않은 것을 말함.

陽春白雪(양춘백설) 뛰어난 인물의 언행에는 보통 사람은 이해하기 어려운 점이 많이 있다는 비유한 말.

養虎遺患(양호유환) 범을 길러 환난을 당한다는 말로 스스로 재난을 초래하는 것을 뜻함.

偃鼠之望(언서지망) 도랑의 쥐는 작은 동물이라 강물을 마신대야 고작 자신의 배 하나 가득밖에 마시지 못하는 것처럼 사람은 각기 분수가 정해져 있으니 그것에 만족하라는 뜻.

如是我聞(여시아문) 석가의 설법을 기술할 때 '자신은 이렇게 들었다'라고 먼저 설명함.

鉛刀一割(연도일할) 무딘 칼을 함부로 휘두른다는 뜻으로, 자신의 역량을 겸손하게 말하는 말.

緣木求魚(연목구어) 나무에 올라가 물고기를 구한다는 뜻으로 어떤 일에 있어서 사리에 따르지 않으면 헛수고만 하고 공이 없음을 말함.

煙霞痼疾(연하고질) 자연의 풍경을 사랑하는 마음이 대단히 강한 것. 또한 여행을 몹시 좋아하는 것을 말함.

拈華微笑(염화미소) 마음에서 마음으로 전해지는 이심전심(以心傳心)의 심정을 말함.

詠雪之才(영설지재) 재주가 있는 여자를 일컬음.

五穀不升(오곡불승) 몹시 흉작임을 말함.

吾舌尚在(오설상재) 말에 능한 사람이면 혀 하나만 있으면 그만이라는 뜻으로 장의(張儀)가 초나라의 재상에게 치욕을 당할 때에 한 말.

傲岸不遜(오안불손) 행동이 몹시 지나치게 거만하고 오만불손한 것을 뜻함.

吳牛喘月(오우천월) 달을 보고 해인 줄 알고 허덕인다는 것.

吳越同舟(오월동주) 「손자(孫子)」에 나오는 유명한 구절로 사이가 나쁜 사람들이 같은 처지에서 행동을 함께한다는 뜻으로 적과 아군이 우연히 같은 배에 타서 만나게 된 모습.

五風十雨(오풍십우) 바람은 닷새에 한 번, 비는 열흘에 한 번의 비율의 뜻으로 날씨가 지극히 순조로운 것을 말함.

五筆作蠅(오필작승) 기술이 매우 능숙한 사람은 간혹 실수를 해도 그 전보다 좋게 만들어 놓는다는 뜻.

吳下阿蒙(오하아몽) 아무리 세월이 흘러도 학문의 진보가 없는 사람이라는 뜻으로 곧 무식한 사람을 일컬음.

玉石同碎(옥석동쇄) 선인도 악인도 어진 사람도 어리석은 자도 모두 사라져 간다는 뜻.

玉石混淆(옥석혼효) 옥(玉)과 돌이 서로 뒤섞여 있는 모습. 선악의 구별이 명확하지 않은 것.

溫良恭儉(온량공검) 온화하고 상냥하고 공손하게, 그리고 진지한 태도로 사람을 대하는 것.

溫淸定省(온청정성) 부모를 섬기는 예를 말하는 것으로 겨울에는 덥게, 여름에는 서늘하게 해 드리고 저녁에는 자리를 펴 드리고 새벽에는 형편을 살펴보는 것을 말함.

溫厚篤實(온후독실) 성격이 매우 침착하고 정이 두터운 성실한 사람을 말함.

蛙鳴蟬噪(와명선조) 매미의 울음소리가 시끄럽다는 뜻에서 비롯된 말로 몹시 비열한 의논이나 또는 문장 따위를 조롱하는 말.

外寬內明(외관내명) 남에게는 관용을 베풀고 관대하게 대하고, 자기 자신을 곧잘 반성하여 행동을 삼가는 것.

倭子看戱(왜자간희) 난쟁이가 놀이 구경을 갔었는데 키 큰 사람들이 앞에 둘러섰기 때문에 구경하지 못하고 다만 본 사람들의 말만 듣고 자기도 거기에 부화해서 비평한다는 뜻으로 식견이 매우 좁음을 말함.

窈窕淑女(요조숙녀) 머리가 매우 명석하고, 얼굴도 아름다운 숙녀를 뜻함.

燎原之火(요원지화) 악이 퍼지기 쉬움을 말함. 악이 번성하여 가까이 할 수 없음을 말함.

龍頭蛇尾(용두사미) 처음은 번성하나 나중에 쇠미함.

勇往邁進(용왕매진) 용기를 가지고 목표를 향해 온 힘을 기울이는 것.

勇將弱卒(용장약졸) 용감하고 명석한 장군의 부하에는 약하고 비겁한 병사가 없다는 뜻.

用行捨藏(용행사장) 앞으로 나아가고 뒤로 물러남이 몹시 훌륭하고, 교묘한 것을 말함.

牛鬼蛇神(우귀사신) 추악한 형상, 또는 악당과 무뢰한을 일컬음.

雨奇晴好(우기청호) 경치가 몹시 빼어나다는 뜻으로, 청호우기(晴好雨奇)라고도 쓴다.

雨絲風片(우사풍편) 봄바람과 비를 말함. 실과 같은 비와 미풍에 연기가 나부끼는 봄경치를 비유한 말.

虞芮爭田(우예쟁전) 남의 일을 살펴보고 자신의 잘못을 고침.

羽化登仙(우화등선) 날개가 돋아, 하늘에 올라 신선이 되는 것.

雨後竹筍(우후죽순) 비가 내린 후에 많은 죽순이 생겨나는 것과 같이 사물이 늘어나는 것이 몹시 빠르고 기세가 높은 것을 말함.

旭日昇天(욱일승천) 떠오르는 아침 해와 같이 기세가 매우 드높은 것.

運否天賦(운부천부) 아무런 계획 없이 그때그때 되어 가는 대로 일을 처리하는 것을 비유한 말.

雲煙飛動(운연비동) 구름이나 안개가 비동(飛動)하는 것과 같이, 글씨의 힘이 약동하는 것을 말함.

雲外蒼天(운외창천) 곤란을 극복하고 노력하면 마침내 상쾌한 하늘을 바라볼 수 있다는 의미이다.

雲蒸龍變(운증용변) 영웅, 호걸이 기회를 잡고, 마침내 세상에 나오는 것을 말함.

遠交近攻(원교근공) 먼 나라와 손을 잡고 가까운 나라를 공략하는 정책이나 전략을 말함.

遠慮近憂(원려근우) 앞날의 일까지 생각해서 행동하지 않으면 반드시 큰 걱정거리가 생겨서 곤란에 처하게 된다는 말.

遠水近火(원수근화) 먼 곳에 있는 것은 위급할 때는 아무 쓸모가 없다는 뜻.

圓轉滑脫(원전활탈) 모든 일이 둥글게 굴러 가듯이 원만하게 진행하는 것. 또는 자유자재로 변화하면서도 모가 나지 않는 것을 말함.

猿抱樹號(원포수호) 원숭이가 신궁을 만나 피할 길이 없음을 알고 나무를 끌어안고 절규했다는 고사(故事).

越鳥南枝(월조남지) 새라 할지라도 자기가 태어나고 자란 곳을 잊지 못한다는 뜻.

危急存亡(위급존망) 개인과 조직이 죽느냐 사느냐의 위기에 처한 것을 나타낼 때를 일컬음.

緯武經文(위무경문) 문무 양쪽 모두를 매우 중시해서 정치의 기본으로 하는 것.

流金蕉土(유금초토) 금속을 녹이고, 대지를 태우는 듯한 더위.

柔能制剛(유능제강) 부드러운 것이 오히려 강직한 것을 억누른다는 뜻.

油斷大敵(유단대적) 방심은 실패의 근원이므로 큰 적이라는 뜻.

柳眉倒豎(유미도수) 여자가 몹시 화가 나서 눈썹을 곤두세우는 모습.

流芳後世(유방후세) 좋은 평판, 명성을 후세까지 오랫동안 전하는 것.

有象無象(유상무상) 수는 많지만 보잘것없는 사람들이라는 의미.

唯我獨尊(유아독존) 세상에서 자기 자신이 최고로 잘났다고 뽐낸다는 뜻으로 자기 도취에 빠져서 자만하는 의미로 쓰인다.

流連荒亡(유연황망) 여자에 빠져서 집에 돌아가는 것도 잊었던 것과 같이 계속해서 여자에 빠지는 것.

柳暗花明(유암화명) 버드나무 그늘은 어둡고 꽃이 핀 곳은 밝다는 뜻으로 봄경치를 일컬음.

有爲轉變(유위전변) 인간사의 생사 변멸은 일정하지 않아 전에 있던 것은 현재는 없고, 지금 있던 것도 조금 후에는 없어짐을 말함.

遊刃餘地(유인여지) 고기를 요리할 때, 칼이 뼈에 닿지 않고 고기와 뼈 사이를 교묘하게 다룬다는 뜻으로 사물에 여유를 가지고 대처하는 것을 비유한 말.

流巷花街(유황화가) 화류계(花柳界)라는 말의 어원이 된 말.

允文允武(윤문윤무) 문무를 겸비한 인금을 일컬음.

殷鑑不遠(은감불원) 남의 실패를 목격하고 자신을 스스로 경계함.

陰德陽報(음덕양보) 남몰래 선행을 쌓으면 반드시 좋은 것이 그 보답으로 나타난다는 의미.

邑犬群吠(읍견군폐) 마을의 개들이 모여 짖어 댄다는 뜻으로 세상의 소인배들이 남을 헐뜯는 것을 가리킴.

鷹視狼步(응시낭보) 매와 같이 날카롭고 매서운 눈, 이리와 같은 민첩한 발놀림의 뜻으로 용맹스럽고 빈틈없는 영웅, 호걸 등을 비유한 말.

意到隨筆(의도수필) '뜻 가는 대로 붓이 따라간다'라는 뜻으로, 문장이 자기의 뜻하는 대로 씌여지는 것을 말함

意馬心猿(의마심원) 말(馬)에 기대어 기다리는 동안에 일곱 장의 종이에 문장을 지을 정도의 빼어난 재능을 말함.

衣鉢相傳(의발상전) 스승이 제자를 가르치고 자신의 도(道)를 전하는 것을 비유한 말.

醫食同源(의식동원) 의약도 먹는 것도 원래는 똑같으므로 천연의 것에 의존하는 것이 좋다는 뜻.

意匠慘擔(의장참담) 어떤 일을 하는 데 있어 매우 고심하는 것.

異端邪說(이단사설) 정통하지 않고 틀린 학설을 의미함.

二束三文(이속삼문) 수가 많은 데도 가격은 몹시 싼 것. 보통 물건을 싸게 팔 경우의 가격을 말함.

利用厚生(이용후생) 일상 생활에 쓰이는 도구류를 사용하기 쉽게 하고 의식을 풍요롭게 해서 생활을 풍요롭게 하는 것.

以肉去蟻(이육거의) 방법을 그르침을 말함.

耳提面命(이제면명) 상대방의 귀를 잡아당기고, 얼굴을 마주대는 듯이 하여, 잘 이해하도록 매우 간절하고 공손하게 가르치는 것을 말함.

二河白道(이하백도) 신앙심이 있는 사람의 마음가짐. 극락의 피안에 이르는 길이라는 뜻.

以血洗血(이혈세혈) 나쁜 일을 바로잡기 위해 다시 다른 나쁜 일을 저지르는 것. 피로써 피를 씻으면 더욱 더러워지기 때문이다.

因果應報(인과응보) 사람이 짓는 선악의 인업(因業)에 응하여 반드시 그에 따른 과보가 있음.

人口膾炙(인구회자) 사람들에게 널리 알려지고 몹시 칭찬되어지는 것.

人面桃花(인면도화) 미녀의 비유로 한 말로 얼굴이 복숭아꽃과 같음을 일컬음.

人面獸心(인면수심) 겉으로는 인간의 얼굴을 하고 있지만 속마음은 짐승과 같이 야만스럽고 잔인한 것.

人非木石(인비목석) 사람은 모두 희로애락의 감정이 있다는 말로 나무나 돌처럼 감정이 없는 것이 아니라는 뜻.

人貧智短(인빈지단) 사람은 가난에 쪼들리면 따라서 지혜도 줄어드는 것을 말함.

人山人海(인산인해) 사람이 사방에 가득 찬 모습.

人心收攬(인심수람) 많은 사람의 마음을 한 군데로 모으는 것.

仁義禮智(인의예지) 인간 자신들이 갖고 있는 네 가지 덕(德)을 말함.

引錐自刺(인추자자) 공부할 때 졸음을 쫓으려고 송곳으로 다리를 찔러 가면서 공부했다는 소진(蘇秦)의 고사(故事).

一粒萬倍(일립만배) 한 알의 씨앗이라도 파종하면 수확할 때는 만 배로 불어난다는 뜻으로 무슨 일이든지 조금이라도 소홀해서는 결코 안 된다는 뜻.

一鳴驚人(일명경인) 한번 솜씨를 내면 사람들이 놀라도록 잘 하는 것.

一目之羅(일목지리) 새를 그물로 잡는 데 있어 한 코의 그물에 새가 걸린다고 해서 한 장의 그물만 펴서 걸어 놓으면 결코 새는 잡히지 않음을 말함.

溢美溢惡(일미일오) 지나친 칭찬이나 지나친 비방, 과도한 찬사와 험담을 비유한 말.

一斑全豹(일반전표) 일부분으로 전체를 추측할 수도 있고 비평할 수 있는 것을 말함.

一嚬一笑(일빈일소) 현명한 군주는 함부로 자신의 감정을 얼굴에 나타내지 않는다는 말.

一世木鐸(일세목탁) 세상의 사람들을 가르치고 이끄는 사람. 사회의 지도자를 일컬음.

一宿一飯(일숙일반) 하룻밤 신세를 지거나 한 상의 식사 대접을 받는다는 뜻으로 약간의 폐가 되는 것을 말함.

一視同仁(일시동인) 성인 군자는 누구나 구별을 하지 않고, 모두 평등하게 사랑하고 사귄다는 뜻.

一心不亂(일심불란) 어떤 일에 마음을 쏟고 다른 것에 대해서 마음이 혼란해지지 않는 것을 말함.

一言居士(일언거사) 무슨 일에든지 한 마디하지 않으면 직성이 풀리지 않는 성품을 가진 사람을 일컬음.

一榮一辱(일영일욕) 한 번 번영하였는가 하면 그것도 잠깐 동안, 곧 굴욕적인 경우로 떨어져 버리는 것이 세상의 이치라는 뜻.

一日三秋(일일삼추) 서로 헤어져 만나기를 원하는 마음이 간절하여 하루가 마치 9개월이 되는 것같이 느껴지는 것을 말함.

一字千金(일자천금) 문자나 문장이 몹시 뛰어나서 마치 한 자의 글씨가 천금(千金)의 가치가 있는 것을 말함.

一張一弛(일장일이) 일의 늦고 급함을 마음대로 하는 것. 또한 정신 상태를 긴장시키거나 이완하는 것의 비유.

一紙半錢(일지반전) 종이 한 장과 한 푼도 못 되는 동전의 뜻으로 지극히 작은 현금을 비유한 말.

一知半解(일지반해) 하나의 사실을 반 정도밖에 이해하지 못한다는 뜻으로 어중간하고 어설픈 지식을 일컬음.

日塵不染(일진불염) 약간의 티끌에도 물들지 않았으므로 지극히 아름다운 것을 말함.

一倡三歎(일창삼탄) 시문 등을 한번 되풀이해서 읽고, 그 훌륭한 솜씨를 칭찬하는 것.

一觸卽發(일촉즉발) 서로 대립하는 세력이 조금만 부딪쳐도 폭발할 듯한 대단히 위급한 상황을 말함.

一波萬波(일파만파) 몹시 작은 일에 큰 영향을 미친다는 것을 뜻함.

一壺千金(일호천금) 평소 가볍게 취급하는 것이라도 어떤 경우에는 대단히 쓸모가 있다는 것을 말함.

林間紅葉(임간홍엽) 임간(林間)에 술을 따뜻하게 해서 단풍을 태운다.

一敗塗地(일패도지) 몹시 참혹한 패배를 말함.

任重道遠(임중도원) 짐은 몹시 무겁고 길은 멀다는 뜻으로 선비의 책임은 무겁고 큰 사업을 성취함은 어려움을 말함.

入竟問禁(입경문금) 다른 나라에 들어가면 반드시 그 나라에서 금지하는 것을 먼저 물어서 실수 없게 한다는 것.

자

自家撞着(자가당착) 앞뒤가 맞지 않아 모순됨을 말함.

慈母敗者(자모패자) 자식에게 엄하지 않은 어머니. 슬하에서 막되고 어리광을 부리는 자식이 자란다는 뜻으로 자식을 과잉 보호하면 안 된다는 뜻.

自由奔放(자유분방) 제멋대로 자유롭게 행동하는 것.

自繩自縛(자승자박) 자신의 포승으로 자신을 묶는다는 뜻.

自暴自棄(자포자기) 스스로 자기 자신을 버리고 돌보지 않는 것.

子虛烏有(자허오유) 거짓말이어서 아무것도 아닌 것을 말함.

藏頭露尾(장두노미) 머리만을 숨기고 자기가 다른 사람에게 보이지 않겠지 하고 생각하지만 꼬리가 드러나 있는 모습을 일컬음.

張三李四(장삼이사) 평범한 인물을 말함.

長枕大衾(장침대금) 긴 베개와 커다란 이불을 덮고 모두 함께 잔다는 뜻으로 친밀한 교제를 비유한 말.

寂滅爲樂(적멸위락) 번뇌의 늪에서 벗어나 열반의 경지에 이르러 비로소 진실한 안락을 맛볼 수 있다는 뜻.

賊反荷杖(적반하장) 도둑이 도리어 몽둥이를 들고 대항한다는 뜻으로 사과해야 할 처지에 있는 사람이 도리어 덤벼드는 것을 비유한 말.

栽髮易酒(재발역주) 머리카락을 잘라 술을 산다는 뜻으로 손님 접대의 괴로움을 비유한 말.

猪突猛進(저돌맹진) 나중 일 따위는 생각하지도 않고, 성난 멧돼지와 같이 공격하는 것을 말함.

積土成山(적토성산) 미세한 것이라도 계속해서 모으면 마침내 산을 이룬다는 뜻.

前代未聞(전대미문) 현재까지 들어본 적도 없는 몹시 진귀한 것.

前途遼遠(전도요원) 장래가 아득히 먼 것. 나아갈 길이 원대한 것을 비유한 말.

前車覆轍(전차복철) 앞차의 전철은 뒷차의 교훈이라는 뜻으로 곧 실패한 전례를 말한다.

竊鈇之疑(절부지의) 도끼를 도둑질했다고 의심하여 사실은 훔쳐 가지도 않은 것을 도둑놈으로 여기는 것.

切齒扼腕(절치액완) 대단히 유감스럽고 분함. 몹시 화가 치밀어 올랐을 때의 모습을 일컬음.

頂門金錐(정문금퇴) 철퇴로 문을 친다는 뜻으로 사람을 각성시킴을 말함.

諸說紛紛(제설분분) 여러 가지의 의견이나 설명이 마구 뒤섞이어 매우 혼란스러운 것을 뜻함.

助長補短(조장보단) 장점을 최대한 활용해 단점을 보충하는 것.

眺望絶佳(조망절가) 맑고 깨끗하고 멋있는 것을 뜻함.

朝不謀夕(조불모석) 일이 매우 급박하여 생각할 틈이 없는 것을 뜻함.

朝三暮四(조삼모사) 거짓말로 사람을 우롱하는 것.

朝蠅暮蚊(조승모문) 보잘것없는 소인배가 아무런 거리낌없이 멋대로 행동하는 것을 비유.

朝有紅顔(조유홍안) '아침에 홍안이었는데 저녁에는 백골이 되었다'는 뜻으로 인생은 무상해서 하는 일을 뜻대로 이룰 수 없다는 의미.

彫虫篆刻(조충전각) 문장(文章)이나 자구(字句)를 아름답게 장식하는 것. 또한 자구만을 꾸미고 세세한 기교만으로 눈길을 끄는 것을 비유한 말.

左建外易(좌건외역) 사물에 어긋난 방법으로, 자기의 세력이나 권력을 부리고, 밖으로 임금의 명령을 바꾸는 것.

主客顚倒(주객전도) 주인과 손님의 위치가 뒤바뀐 것을 말함.

酒囊飯袋(주낭반대) 술통과 쌀뒤주라는 뜻으로 엄청난 대식가여서 아무것도 할 수 없는 사람을 비유한 말.

酒色財氣(주색재기) 술과 여자와 돈에 주의하라는 경계의 말.

周章狼狽(주장낭패) 몹시 허둥대며 떠들썩한 것. 매우 당황하여 적절하게 조치할 수 없는 것의 비유한 말.

竹頭木屑(죽두목설) 하잘것없는 물건이라도 반드시 그 어디엔가 쓸모가 있다는 뜻.

駿足長阪(준족장판) 재능이 뛰어난 인물이 곤경에 처하면 자기의 힘을 시험해 보려고 한다는 말.

衆口鑠金(중구삭금) 여러 사람의 의견이 모아지면 굳은 쇠도 녹일만큼 강력한 것으로 말의 두려움을 말한다.

中原逐鹿(중원축록) 중원은 중국을 말함. 또는 천하를 말함. 그리고 왕위를 다투는 것.

地大物博(지대물박) 토지가 몹시 광대해서 그 산물이 풍부한 것을 비유한 말.

地靈人傑(지령인걸) 풍토, 인물 모두가 뛰어나게 훌륭한 것. 고향이나 가문이 모두 뛰어난 사람의 비유한 말.

支離滅裂(지리멸렬) 가지가 흐트러져 양쪽 모두 산산조각으로 흩어지는 것을 비유한 말.

舐犢之愛(지독지애) 늙은 소가 송아지를 혀로 핥는다는 뜻으로 어버이가 자기 자식을 사랑함을 말함.

知崇禮卑(지숭예비) 인간은 지식을 점점 더 숭상하고, 그 예(禮)를 더욱 낮추는 쪽이 좋다는 말.

池魚籠鳥(지어농조) 어항의 물고기, 새장의 새의 뜻으로 부자유스러운 몸. 감옥에 갇힌 사람의 비유.

池魚之災(지어지재) 성문이 불에 타자 그 옆의 못에서 물을 퍼서 불을 끄고 보니 못이 다 말라 물고기가 모두 죽었다는 말.

知者不惑(지자불혹) 어진 사람은 이지로 살피기 때문에 결코 미혹하지 않는다는 말.

指天射魚(지천사어) 하늘을 향해 물고기를 쏘는 뜻으로 사물을 구하는데 정도를 좇아 행하지 않으면 무익한 것을 말함.

直躬證父(직궁증부) 정직도 지나치면 오히려 도가 아니라는 것.

直裁簡明(직재간명) 말을 할 때 빙 둘러서 하지 않고 확실하게 하는 것.

直情徑行(직정경행) 자신의 감정의 취향대로 행동한다는 뜻. 단순한 언동을 일컫는 말.

眞金不鍍(진금부도) 진정한 값어치가 있는 것은 꾸밀 필요가 없으므로 자연스럽게 그 가치가 나타난다는 말.

盡忠報國(진충보국) 몸과 마음을 바쳐 나라의 은혜에 보답하는 것.

質實剛健(질실강건) 꾸밈이 없이 성실하고 심신이 모두 건강한 것.

차

車軸之雨(차축지우) 큰비를 말함. 빗방울의 크기가 마치 수레바퀴와 같다는 것.

滄桑之變(창상지변) 바다가 변하여 뽕나무밭이 된 것으로써, 시세의 변천을 비유한 말

創業守成(창업수성) 창업은 쉽고 그것을 지키기는 어렵다는 뜻.

滄海遺珠(창해유주) 세상에 알려지지 않고 파묻혀 지내는 유능한 인물을 비유한 말.

滄海一粟(창해일속) 인간이란 천하에 비기면 그 미미함이 마치 바다에 뜬 좁쌀 같다는 말.

尺山寸水(척산촌수) 높은 산에서 바라본 경관.

千客萬來(천객만래) 많은 손님이 줄을 이어 오는 것. 장사가 매우 잘 되는 것을 비유한 말.

天經地義(천경지의) 인륜(人倫)은 천지 간에 있어 최고로 고귀한 것이며 불변의 상도(常道)이다.

天空海濶(천공해활) 감정이 유유자적하고 사소한 일에 신경 쓰지 않는 성품이 시원스런 사람을 비유한 말.

千慮一失(천려일실) 아무리 지혜가 있는 사람일지라도 한 번 정도는 실수가 있다는 뜻.

天網恢恢(천망회회) 하늘은 반드시 악인을 물리치며 정의는 항상 승리한다는 뜻.

天無二日(천무이일) 하늘에는 태양이 하나뿐이요, 나라를 다스리는 임금도 오직 하나뿐이라는 뜻.

千方百計(천방백계) 여러 모로 궁리하여 머리를 쓰는 것. 여러 방법으로 생각을 도모하는 것을 말함.

天罰靚面(천벌적면) 나쁜 짓을 하면 그 결과가 금세 확실한 형태로 나타난다고 하는 말.

天步艱難(천보간난) 정세가 악화되고 곤경에 처하는 모습을 말함.

千緖萬端(천서만단) 몹시 많은 말의 수. 또한 많은 말을 낭비하는 것.

天涯比隣(천애비린) 몹시 멀리 떨어져 있어도 가까이에 있는 듯한 친근한 감정이나 관계를 말함.

天衣無縫(천의무봉) 하늘의 직녀가 지은 의복에는 바느질하여 만든 흔적이 없다는 뜻으로 문장이 몹시 자연스러운 것을 말함.

天造草昧(천조초매) 천하에 질서가 없고 혼돈되어 있는 모습.

天地美祿(천지미록) 술의 다른 말로 술을 몹시 좋아하는 것을 나타내는 말.

天眞爛漫(천진난만) 꾸밈이 없는 것. 자연 그대로 꾸밈없이 순진한 감정이나 태도를 일컬음.

淺斟低唱(천짐저창) 약간 취한 기분으로 낮고 조용하게 노래를 읊조리는 모습.

淺學菲才(천학비재) 학문과 학식이 얕고, 재능도 없는 뜻으로 자기의 학식과 재능을 남에게 겸손하게 표현하는 말.

轍鮒之急(철부지급) 물고기가 수레바퀴 자리에 고인 물속에서 물이 말라 죽게 된 것과 마찬가지로 매우 위급한 처지에 놓여 있는 것을 비유한 말.

鐵中錚錚(철중쟁쟁) 많은 쇠 가운데 맑은 소리가 나는 쇠라는 뜻으로 평범한 가운데 빼어난 것을 말함.

晴耕雨讀(청경우독) 개인 날은 밖으로 나가서 논밭을 갈고 비 오는 날은 집에서 책을 읽는다는 유유자적한 생활을 말함.

靑雲秋月(청운추월) 마음속이 오염되지 않고 청렴결백한 것에 비유한 말.

靑天霹靂(청천벽력) 예기치 않은 대사건, 대변동을 비유한 말.

淸風明月(청풍명월) 깨끗한 밤바람과 달빛.

棣鄂之情(체악지정) 형제의 정이 두터웁고 사랑스러움을 말함.

草頭天子(초두천자) 초두(草頭)는 초두로(草頭露)의 줄임말로 풀잎 끝에 맺힌 이슬로 덧없고 영속하지 않는 것의 비유한 말.

草茅危言(초모위언) 관료의 길을 걷지 않고 재야에서 국정에 충언을 아끼지 않는 것을 말함.

焦心苦慮(초심고려) 마음이 몹시 초조하고 여러 가지로 걱정되거나 애가 타는 모습.

寸馬豆人(촌마두인) 그림 속의 원경에 나타나는 사람과 말(馬)을 말함. 산 위에서 아래를 내려다보면 사람도 말도 작게 보인다. 한 치의 말과, 콩알 정도의 사람 모습. 수묵화(水墨畫)의 원근법으로써 곧잘 사용되고 있다.

寸指測淵(촌지측연) 실현 가능성이 없는 것을 비유한 말. 또한 어리석은 행위를 말함.

寸鐵殺人(촌철살인) 짤막한 경구로 사람을 감동시킨다는 뜻.

寸草春暉(촌초춘휘) 산보다 높고 바다보다 깊은 부모의 은혜를 말함.

春蘭秋菊(춘란추국) 어느 쪽도 버리기에는 어렵다는 것. 미인에도 저마다의 특징이 있어서, 우열을 가리기가 몹시 어려울 때 사용됨.

春雉自鳴(춘치자명) 봄꿩이 스스로 운다는 뜻으로 묻지도 않는 말을 말함을 이르는 말.

春風駘蕩(춘풍태탕) 봄경치의 화창한 모습. 느긋하고 몹시 대범한 인품을 뜻함.

春華秋實(춘화추실) 꽃에 신경을 써서 열매를 잊으면 안 된다.

吹毛求疵(취모구자) 털을 불어 가면서 흠을 찾아낸다는 것으로 조그마한 잘못까지 추궁하여 들춰 내는 것을 말함.

揣摩臆測(취마억측) 자기의 생각으로 남의 의혹을 마음대로 추측하는 것.

取捨選擇(취사선택) 좋은 것을 취하고 나쁜 것을 버리고 취하는 것.

醉生夢死(취생몽사) 술에 취하거나 꿈을 꾸고 있는 듯한 기분으로 무위도식하며 일생을 보내는 것.

齒亡舌存(치망설존) 이빨과 같이 강하고 견고한 것이 망하기 쉽고, 혀와 같이 유연한 것이 오히려 오래 존속한다는 뜻.

七顚八起(칠전팔기) 일곱 번 실패하고 쓰러지더라도 다시 분연히 일어서서 도전하는 모습을 일컬음.

七顚八倒(칠전팔도) 일곱 번 구르고 여덟 번 쓰러진다는 뜻으로 괴로움을 표현하는 말.

針小棒大(침소봉대) 작은 것을 막대기와 같이 크게 불려 말한다는 뜻으로 사물을 과장해서 말하는 것을 말함.

타

惰氣滿滿(타기만만) 나태한 마음이 가득해서 형편없는 모습.

他山之石(타산지석) 남의 행동을 참고해서 자기 자신을 계발하는 데

유용하게 쓰는 것.

呑舟之魚(탄주지어) 배를 삼킬 만큼 큰 고기의 뜻으로 큰 인물. 또는 큰 악당을 비유한 말.

墮甑不顧(타증불고) 시루를 떨어뜨려 깨진 것을 거들떠보지도 않았다는 뜻으로 결단력이 매우 강한 것을 말함.

貪夫徇財(탐부순재) 탐욕스러운 인간은 돈 때문이라면 자신의 신변의 위험도 살피지 않는다는 뜻.

土崩瓦解(토붕와해) 흙이 무너지고 기왓장이 산산이 깨어지듯이 어떤 조직체가 일시에 허물어짐을 말함.

錐處囊中(퇴처낭중) 재주 있는 사람이 마침내 그 기량을 발휘할 곳에 쓰임을 말함.

파

破鏡不照(파경부조) 깨어진 거울은 원래의 상태로 돌아오지 않는 것과 같이, 한 번 헤어진 부부는 원래의 상태로 돌아가기 어렵다는 것을 비유한 말.

破邪顯正(파사현정) 나쁜 견해를 타파하고 정도를 나타냄.

八面玲瓏(팔면영롱) 마음씨가 매우 상냥하고, 총명한 사람이라는 뜻으로 또한 많은 사람들과 원만하게 교제하는 사람을 말함.

稗官野史(패관야사) 소설의 뜻으로 또한 민간의 자질구레한 온갖 사건을 기술한 것.

萍水相逢(평수상봉) 마른 풀이 물을 따라서 흘러가다가 다른 풀과 서로 만난다는 뜻으로, 여행 중에 객지에서 우연히 만나서 사귀게 됨을 말함.

弊衣破帽(폐의파모) 옷차림이 거칠고 품위가 없고 조잡한 것.

閉戶先生(패호선생) 일 년 내내 문을 걸어 잠그고 독서에 몰두한 사람.

抱腹絶倒(포복절도) 배를 움켜잡고 뒹굴 정도로 웃는 것을 말함.

抱薪救火(포신구화) 해악을 제거하려고 하다가 오히려 그것을 조장(助長)하는 것을 비유한 말.

暴虎馮河(포호빙하) 앞도 보지 않고 돌진하는 용기. 지나친 모험심을 비유한 말.

風林火山(풍림화산) 어떤 일에 대처함에 있어서 시기나 정세에 따라 민감하게 행동하기도 하고 때로는 상황의 추이를 지켜보는 임기응변의 기술을 말함.

風聲鶴唳(풍성학려) 바람 소리와 학의 울음 소리, 작은 소리까지도 적군인가 하고 생각하고 놀라서 몹시 두려워하는 모습.

하

夏爐冬扇(하로동선) 여름의 화로와 겨울의 부채처럼 쓸모없는 사물을 가리키는 말.

下愚不移(하우불이) 배우지 못하여 무식한 사람은 고칠 수 없다는 말.

夏雲奇峰(하운기봉) 여름 소낙비 구름이 나타나서 하늘에 신기한 형태의 봉우리를 만들어 내는 모습을 일컫는 말.

下學上達(하학상달) 일상 생활에서 현실적으로 참다운 사람이 지녀야 할 도리를 배우고 점차로 고매한 철학이나 진리에 도달한다는 것을 말함.

邯鄲之夢(한단지몽) 인생의 영화와 쇠망은 꿈과 같다는 것.

邯鄲之步(한단지보) 자신의 본분을 버리고 남을 흉내내는 것을 말함.

汗馬之勞(한마지로) 말이 땀을 흘려 수고했다는 뜻으로 전공(戰功)을 말한다.

寒松千丈(한송천장) 소나무는 추운 겨울에도 아랑곳하지 않고 푸른잎을 지니고 바위 위에서 의젓하게 버티고 있다는 뜻으로 절조가 몹시 굳셈을 비유하는 말.

閑雲野鶴(한운야학) 속세에 결코 연연하지 않고 유유자적하는 것.

汗牛充棟(한우충동) 우마차에 실어서 나르면 소가 땀을 흘리고 집 안에 쌓아올리면 용마루까지 가득 차게 된다는 뜻으로 장서가 많다는 것을 비유한 말.

含哺鼓腹(함포고복) 음식을 배부르게 먹고 배를 두드리며 잘 지내는 것.

亢龍有悔(항룡유회) 하늘의 끝까지 올라간 용이니 더 이상 더 올라갈 수 없어 이제부터는 내려갈 것밖에 없는 처지를 후회한다는 뜻으로써 부귀가 극에 달하면 패망할 길밖에 없으니 명심하라는 뜻이다.

虛心坦懷(허심탄회) 아무 거리낌없는 솔직한 심경을 말함.

虛虛實實(허허실실) 적의 약점을 노려서 책략을 꾸미는 전법.

現實說法(현실설법) 자기 자신의 모습을 바탕으로 남에게 설법하는 것을 말함.

協力同心(협력동심) 힘과 마음을 합쳐 함께 목적 달성을 위해서 노력하는 것.

行尸走肉(행시주육) 목숨만 살아 있을 뿐이지 아무 쓸모없는 사람을 조롱하는 말.

行雲流水(행운유수) 하늘에 떠도는 구름이나 흐르는 물과 같이 여러 곳으로 옮겨 가며 정처없이 떠도는 것.

懸車之年(현차지년) 벼슬을 사직하는 것.

懸河之辯(현하지변) 기세 좋게 흘러가는 물과 같이 물 흐르듯 말솜씨가 유창한 사람을 비유한 말.

協力一致(협력일치) 서로 힘을 합쳐서 하나가 되어 분투하는 모습.

刑名參同(형명참동) 부하의 언행을 자세히 살펴 평가하고 상벌을 주어야 한다는 뜻.

形影相憐(형영상린) 자기 자신을 스스로 불쌍히 여기는 것.

荊妻豚兒(형처돈아) 자신의 처자식에게 사용하는 겸손의 말.

蹊田奪牛(혜전탈우) 소를 끌고 남의 밭으로 지나갔다고 하여 벌로 그 소를 빼앗음은 것으로 벌이 지은 죄에 비하여 많음을 말함.

狐假虎威(호가호위) 여우가 범의 힘을 빌려 위협한다는 뜻으로 권세를 빌려 위세를 부림을 말함.

虎狼支局(호랑지국) 탐욕으로 다른 나라를 침략해서 끝없이 욕망을 채우려는 나라를 비유한 말.

豪放磊落(호방뢰락) 감정이 크고 시원해서 사사로운 일에 결코 구애되지 않는 것.

狐死首丘(호사수구) 여우는 죽을 때 머리를 언덕으로 향한다는 뜻. 여우는 죽을 때에도, 역시 자기가 태어났던 굴이 있는 언덕 쪽으로 머리를 향한다는 뜻이다.

虎死留皮(호사유피) 호랑이는 죽어서 가죽을 남기고 사람은 죽은 후에라도 세상에 이름을 남겨야 함을 이르는 말.

和光同塵(화광동진) 지혜의 빛을 감추고 드러내지 않는다는 의미.

和氣靄靄(화기애애) 부드럽고 유쾌한 감정이 가득 차고 넘치는 모습.

畵中之餠(화중지병) 그림 속의 떡이라는 뜻으로 아무 소용없는 것을 말함.

禍心包藏(화심포장) 마음속에 나쁜 생각을 품고 있는 것을 말함.

禍福無門(화복무문) 우연히 다가오는 듯한 재앙이나 행복도 모두 자기 자신이 불러들이는 것이라는 것을 비유한 말.

火上注油(화상주유) 불에 기름을 부어 사태를 더욱 악화시키는 것.

畵虎類狗(화호유구) 범을 그린다는 것이 개가 되고 말았다는 뜻으로, 못난 사람이 호걸을 흉내내다가 도리어 곤경에 빠진다는 말.

渙然氷釋(환연빙석) 얼음이 스스로 녹듯이 어떤 의심도 응어리도 남기지 않고 개운하다는 뜻.

活剝生呑(활박생탄) 살아 있는 채로 가죽을 벗기고 통째로 삼키는 것. 다른 사람의 문장이나 시가(詩歌)를 함부로 도용(盜用)하는 것을 말함.

黃絹幼婦(황견유부) 절묘의 의미. 또한 판독(判讀)의 뛰어남을 말한다.

荒唐無稽(황당무계) 언행이 터무니없고 몹시 허황함을 일컫는 말.

回賓作主(회빈작주) 일을 제 마음대로 처리하거나 방자하게 행동하는 것을 이르는 말.

會者定離(회자정리) 만나면 반드시 헤어지게 된다는 뜻으로 세상의 무상함을 일컫는 말.

橫行闊步(횡행활보) 악인이 몹시 으스대면서 횡행하는 것을 말함.

厚貌深情(후모심정) 얼굴 표정은 친절한 듯해도, 마음속은 매우 깊어 무엇을 생각하고 있는지 알 수 없다는 뜻.

厚顔無恥(후안무치) 몹시 뻔뻔스러워서 부끄러움을 모르는 모습을 일컫는 말.

葷酒山門(훈주산문) 비린내 나는 것을 먹고 술기운이 도는 사람은 절의 절에 들어가면 안 된다는 뜻.

毁譽褒貶(훼예포폄) 남을 곧잘 칭찬하기도 하고 비난하기도 하고 비방하기도 하는 것을 말함.

欣求淨土(흔구정토) 죽어서 극락정토에 다다를 수 있다고 믿고 기원하는 것.

興盡悲來(흥진비래) 즐거운 일이 다하면 반드시 슬픈 일이 찾아온다는 뜻으로 세상일은 돌고 돈다는 것을 이르는 말.